ちくま文庫

加害者は変われるか?

DVと虐待をみつめながら

信田さよ子

筑摩書房

加害者は変われるか？　目次

第二章　虐待する親の姿

第三章　ドメスティック・バイオレンス

加害者は変われるか？　ＤＶと虐待をみつめながら

まえがき

私は加害者になりたくない。加害者から傷つけられたくない。誰もがきっとそう思うだろう。加害者とはそのような忌み嫌われることばとして使われてきた。暗く、悪のにおいに満ち、否定されるべき存在として。

そんなことばを題名に据えるなんて、と思われるかもしれない。しかし、加害者と名指すとき、私たちはいつのまにか正義の側に立っている。被害者の側に立ち加害者を指弾するとき、そこには怒りが満ち溢れ、ここぞとばかりに声高な正しさが飛び交う。

私はそんな正しさ・正義をどこかで恐れている。それはたぶん、あの疑いも一点の曇りもない姿勢に強く憧れながらも、すごすごと引き返したくなるようなためらいを禁じえないからだろう。本書は、そんな私の逡巡と割り切れなさを出発点にしている。

加害・被害という関係性は、ある時までは新聞、法廷、警察といった半ばパブリックな場でしか扱われることはなかった。加害者ということばを操るのは、弁護士や裁判官、警察官、そして新聞記者たちだった。傷害、殺人、交通事故、詐欺、……これらに遭遇しなければ、私たちは加害者ということばとは無縁に人生を過ごすことができた。それは被害者にならずに済んだことを同時に意味している。

ところがいつのまにか、加害・被害の関係性は、パブリックな状況ばかりでなく、職場や学校・大学、さらには家庭にまで飛散し波及している。ハラスメント、DV（ドメスティック・バイオレンス）や虐待、家族内の殺人事件などがマスコミで報道されるたびに、その感を強くする。まるで、これまで安全だったのに、急に加害行為が増加し、治安が悪化したかのように感じられるかもしれない。しかし統計によれば、さまざまな犯罪は減少していることが示されている。正確に言えば、治安は悪化してはいないのだ。

ではなぜ、私たちはそう感じるようになったのだろう。一つには、傷つくことに対する敏感さが増したからではないだろうか。もう一つには、これまでは、本人の責任である、なんでもないことだとされてきた苦痛を伴う経験に、被害という名前が与えられるようになったからだろう。それによって、打ち捨てられてきた被害が表面化し、一人でじっと耐えてきた人たちが声を上げはじめ、社会がそれに注目するようになったからだろう。傷つくような経験は少ないほうがいい。誰もすすんで被害を受けたいわけではない。こんな当たり前のことを強調しなければならないほど、家族内の被害は不可視にされてきた。

カウンセリングの場で、家族内暴力である虐待やＤＶの深刻な被害の実態を知れば知るほど、そんな被害を与えた人に対する憤りや驚きは強まる。とは言うものの、被害者になり代って報復を訴えているわけではない。加害者と呼ぶしかないその人たちを、正面から見つめたいと思う。こうして加害者の存在が浮上する。その人たちの多くは、男性である。安全な場であるはずの家庭において父、祖父、兄、弟などが、女性たちに被害を与えている。彼女たちが、苦しみを訴えることはそれほど容易ではない。本書ではそんな困難やためらいについても詳しく述べる。援助者に支えられて、彼女たちが彼らについて語る言葉から、初めて加害者像が浮かび上がるだろう。

被害者にかかわることが多かった私の関心は、このようにして加害者にむかっている。それは被害者にとっての関心でもあるだろう。なぜ、どうして、あのような行為を？ という疑問を解くには、加害者を知るしかないからだ。しかし、ＤＶや虐待は、加害と被害の境目にはっきりとした一線を引くことが難しい。子どもの立場からすれば、庇護者であるはずの母親たちがしばしば加害者でもあるからだ。この不分明で曖昧な関係、愛憎絡まりあう混沌とした関係こそが家族における加害・被害の特徴である。それを表すには、加害者を極悪非道と断罪せずにその実像をできるだけ具体的に叙述するのが一番いいだろう。

本書において、私はできるだけ割り切れなさ、境界の曖昧さにこだわろうと思った。加害・被害を悪と善とに分割するような、二項対立的な内容にはしたくなかった。加害者と被害者は紙一重の場合があるのだから。

まず第一に、さまざまな被害を受けた人に読んでもらいたい。そして、加害者にはなりたくないと思っている人、加害・被害の対立にかかわっている人、そんな人たちにもこの本をぜひ手にとってもらいたい。本書に書いたことの多くは、カウンセリングの経験に基づいた私の考察であるが、それが読者の方たちにとって何らかのヒントになることを願っている。

第一章　カウンセリングの現場から

カウンセリングに来る人

カガイシャ！

ＪＲ山手線原宿駅のホーム西側には、明治神宮の深い森が広がっている。反対の東側には竹下通りと表参道がほぼ平行して延びていて、一年じゅうさまざまな国の人たちでにぎわっているのと対照的だ。

梅雨明け間近の蒸し暑い日の夕方、私はホームに立っていた。常緑樹の濃い緑の底から涼風が吹き渡ってくる。電車を待ちながら思わず深呼吸をしたくなった私の耳に、突然若い女性の声が突き刺さった。

「この人、カガイシャなんです！」

ホーム反対側に停車中の山手線の車両から、一人の若い女性が背広姿の男性の手をつかんで引きずり降ろそうとしている。彼女の声に、ホームの上や車内の人たちがいっせいにふりむいた。私の隣では二人の女子高生が「あのオヤジ、痴漢じゃーん」と指差して笑っている。当の男性は必死に逃げようとするが、腕をつかんで意地でも放そうとしない女性の勢いに呑まれ、ふてくされた顔で逆切れしそうな表情を見せた。一本電車を見送ってこの痴漢事件の顚末を見届けてやろうかとも思ったが、その後の予定もあったので、滑り込んできた電車に乗って新宿に向かった。窓外の風景はすっかり夕闇に包まれていた。でもなぜか私の耳から「カガイシャ」という言葉は離れない。彼女はなぜ「この人、痴漢なんです！」「痴漢の犯人なんです！」と叫ばなかったのだろうか。

テレビの報道でも、さまざまな事件が発生すると、実行したとみなされたひとは「容疑者」と呼ばれる。犯行を実行したことが断定されれば「犯人」と呼ばれる。決して加害者と呼ばれることはない。加害者とは害を加えた人のことを指し、その反対の極には害を加えられた人、害を被った人、つまり被害者が存在する。ここで重要なことは誰が見ても自明な加害者がいて、そして被害者が存在するわけではないということだ。自分の経験を被害と認識する人が、その被害を与えたと認識する人に対して加害者と呼ぶのだ。加害者とは被害者によって名づけられることばなのである。とするとあの若い女性が「カガイシャ」と男性を名づけて呼んだことは、自分は被害に遭った、つまり被害者であることを表明したことになる。もう少し踏み込んで言えば、タンクトップ姿の彼女は、車内で自分の下半身を執拗に触った男性を「カガイシャ」と名づけることで、自らを「ヒガイシャ」として認知したのである。おそらく今から一〇年以上前であったら「電車の中で痴漢にあったけど、いやーとんだ災難だった。早くあんなことなんか忘れてしまおう」と泣き寝入りをするだけだっただろう。友人に報告すれば、あなたにも隙があったと非難されたかもしれない。そこに「カガイシャ・ヒガイシャ」ということばが入り込むことは少なかったのではないだろうか。あらためて、「加害者」「被害者」というこの一対の言葉を眺めると、どこか剣呑であり、殺伐として救いのない感じすら漂ってくる気がする。

ある事件

秋田県で二〇〇六年に起きた二児殺害事件は、サッカー・ワールドカップの開催中から、ずっとマスメディアの注目を集め続けた。あの過剰報道と、容疑者をターゲットとしたカメラの放列は、何年か前の和歌山県毒入りカレー事件を髣髴とさせる。容疑者である母に対して、多くの報道機関は「母親失格」という視点から一貫して激しくバッシングを続けた。視聴者の多くはその論調に異論をはさむことなく、殺された二児が哀れでかわいそうだと涙を流しただろう。テレビに出演する識者の多くは彼女の残虐性を強調し、世論との折り合いをつけているように思えた。この母親バッシングの大合唱が、どこか異様に感じられたのだが、マスコミは視聴者の欲望を密かに汲み取っているのだ。その欲望とは何だろう。

幼児を殺しながらも、どこか性的存在としてのにおいを振りまく女性と、ごく平凡な日常生活を送っているふつうの母親たちを明快に切断したいという欲望である。そんな存在を否定するために、彼女に異端の烙印を押し、スケープゴートにしたてる。彼女は極悪非道の加害者であり、殺された子どもは無力で無垢な被害者なのだ。あるテレビ番組で、私の知人である識者が述べていた。もしあれが虐待死であったなら、児童相談所など専門機関のネットワークが機能することであの事件は防げただろうと。おそらく彼は、続けてこう述べたかったのではないだろうか。どうしようもない母親とかわいそうな愛情不足の子どもとを二極化するだけでは不十分である。第三者として介在するべきだった専門機関が機能しなかったことへの批判こそ必要なのだ。それを欠いた報道は問題を矮小化しているのではないか、と。加害者と被害者を単純に「二項対立的に判断」することの問題点がそこには提起されている。

聞いてほしい

どうも気分がおちこんで朝起きることができない、理由もなく不安でたまらない、眠れない、何度手を洗っても汚れが取れた気がしない……こんな状態がカウンセリングに行ってみようというきっかけになる、というのが一般的常識だろう。しかし私の得意とする分野はちょっと違う。何か「困ったこと」があるかどうか、そしてそれがどんなことがらであろうと自分一人で抱えるにはあまりに苦しいと感じられたら、それは十分カウンセリングの対象になる。「こころ」の中に問題を限定する必要はなく、まして自分のことだけが対象だと考える必要もない。

たとえば、会社を辞めてからもう四年になる二九歳の息子が、自室に引きこもっているのでどうしたらいいか困っている母親、入浴中の夫のケータイに男性名を騙《かた》った愛人からのメールを発見した妻、高校生の息子から日常的に暴力をふるわれており、身体にあざが絶えない母親、などである。自分のこころの問題だけでなく、家族をはじめとした身近な人のことで困っている人たちも十分カウンセリングの対象になるのだ。

一九九六年から一〇年間で私のところにカウンセリングに訪れた人たちの主訴を集計してみると、約半数が「夫婦関係」「親子関係」「人間関係」「家族関係」などで占められている。自分のこころの問題ではなく、誰かとの関係に困り果ててカウンセリングに訪れる人たちがそれだけ多いということである。その多くが女性であることも強調されなければならない。

じっくりと回数を重ねて語られることばを聞いていると、少しずつ具体的に見えてくるものがある。たとえば「夫婦関係」で困っている妻たちは、多くは夫の浪費、アルコール問題、浮気、それとDVによって苦しんでいるのだった。「親子関係」で困っている中年女性は、八五歳の母親の介護を迫られているのだが、幼少時の母親からの虐待の記憶がよみがえり、不幸をダシにしたまとわりつくような言動にも耐えられず、どうしても母親の身体に触れることができないのだった。娘の摂食障害で困っている母親の多くは、夫の無関心と暴言に傷つきながら、しかもそんな夫と別れ切れずに生きてきたことを娘から夜ごと責められているのだった。

このようにクライエント（カウンセリングに訪れるひとたち）の語る内容は、当初の「〇〇関係」という一見中立的で相互的なことばから少しずつ乖離《かいり》し始める。なぜあのとき「人間のクズ！」と貶《おとし》められなければならなかったのか、同じ屋根の下で暮らしながら娘から蹴られている自分の姿が夫の目に映らなかったのはなぜだろう、などという疑問が口をついて発せられると、まるで堰を切ったように、当惑、怒り、恨みなどが一気に噴出する。

私が彼女たちを誘導しているわけではない。おそらくクライエントは、誰にも言えなかった、誰からも聞いてもらえなかったそのようなことばを、ただ聞いてほしい、無批判に耳を傾けてほしいとどこかで切望していたに違いない。

このような経験をどう名づければいいのだろう。かつてそれらは「夫婦喧嘩」「家庭の不和」「更年期障害」などと名づけられていた。それ以外のことばは見当たらず、当の本人たちも自らをそう名づけることで我慢し、耐えることで時をやり過ごすしかなかったのだ。しかし、それが大きく変化したのが一九九五年であった。

加害者とは誰か

被害者元年

一九九五年一月一七日、この日付は多くの人に未曾有の大震災を想起させる。阪神・淡路大震災は都市計画や耐震構造といったインフラだけでなく、私たちカウンセラーにも一つの大きな転換をもたらした。地震の被害が家屋やビル、高速道路といったハード面だけでなく、被災した多くの人々のこころにも拭《ぬぐ》いがたい傷跡を残したことが注目されるようになったからだ。

このようなこころの傷、心理的被害に対する注目は、アメリカにおいて一九七〇年代に高まったベトナム戦争の帰還兵に対する国家補償の請求運動に端を発する。ベトナムから復員した兵士たちの多くは身体の障害とともに精神的症状を呈し、日常生活に復帰することに困難を示した。彼らに対する補償の一環として、ＰＴＳＤ（Post

Traumatic Stress Disorder ＝心的外傷後ストレス障害）という診断名がＤＳＭ−Ⅲ（アメリカ精神医学会による精神障害の診断と統計マニュアル、第三版）に加えられたのが一九八〇年のことである。ＤＳＭは、操作的診断を最大の特徴としており、症状をいわば輪切りにして横断面をとらえることで診断する。症状がなぜ生じたかという因果性はそこから排除されている。ところが、ＰＴＳＤは明らかに原因となるできごとが前提になっており、ＤＳＭⅢにおいて異質な存在であるといっていいだろう。アメリカは金銭による補償に加え、精神科治療による「トラウマのケア」によってベトナム帰還兵を救済したのである。それと並行して初めて注目されたのが、国家の対極にある私的領域、つまり家族内のさまざまな被害者であった。親や親族から子どもへの身体的・性的虐待、夫からのドメスティック・バイオレンス（ＤＶ）などが、被害者にＰＴＳＤを発症させることがＪ・Ｌ・ハーマンらフェミニストたちによって主張された。背後には、それまで草の根的に家族内暴力の被害者支援にあたってきた多くの女性たちの運動があったことはいうまでもない。

ＰＴＳＤという四文字が、一九九五年の阪神・淡路大震災後に朝日新聞一面の見出しに躍ったことは今でも記憶に新しい。個人の自助努力やプライベートな家族のケアだけではどうしようもないこころの被害が、社会全体で共通して認識されたのである。以後大きな事件や災害が起きるたびに、こころのケアが叫ばれるようになった。大阪で小学校の児童が多数殺傷された事件が発生したが、残された児童のこころのケアに臨床心理士が迅速に配置されたことはそのあらわれである。

注目すべきは、アメリカと同様に日本でも、家族内のさまざまな心理的被害やトラウマが同時に注目されるようになったことである。ベトナム戦争と阪神・淡路大震災の違いはあるものの、約一五年の時を隔てて、国家・天災による被害と私的領域（家族）における被害があたかも車の両輪のように表面化したのだ。その後「こころの傷」「トラウマ」という言葉は、流行語のように瞬く間に多くの人々の間に広がっていったのである。その速度は誰も予想しえなかったほどであることを考えると、その出発点である一九九五年は「被害者元年」と呼ぶにふさわしいだろう。

DVと虐待

家族内の暴力とその被害が徐々に明らかになったことで、二〇〇〇年に児童虐待防止法（「児童虐待の防止等に関する法律」）が制定され、二〇〇一年ＤＶ防止法（「配偶者からの暴力の防止及び被害者の保護等に関する法律」）が制定された。この二法の重要性についてはどれだけ強調してもしすぎることはないだろう。親子の情愛や夫婦和合などという美名とともに語られてきた家族において、親が子どもの、夫が妻の加害者になりうることがこの二法によって明確に示されたのである。法律がなければ、虐待される子どもは保護されず、殴られている妻は救済されないという現実を国が認めたのだ。「法は家庭に入らず」とは明治民法（一八九八年、明治三一年制定）の基本精神であり、現在に至るまで大筋で変化はない。しかし、この二法は法律が家庭に入らなければ防止できない暴力の存在を初めて認定したことになる。しかしそれによって家族の常識が大きく転換したわけではなく、むしろ従来の家族像を擁護する方向性がいっそう強まったような気配を感じる。先に述べた秋田の若い母親の報道によるスケープゴート化はその一つの表れであろう。

とはいうものの援助の現場で年ごとに進行しているのは、児童相談所への虐待通報件数の増加であり、女性センターなどへのDV相談件数の増加である。カウンセリングの現場においても、夫のDVを主訴とする妻や親からの虐待経験をもつ女性（男性）などの来談が増加しつつある。さらに事故のトラウマ、性虐待の被害者、性犯罪の加害者、被害者といった主訴も珍しくなくなった。

トラウマに関する研究の進捗により、被害を受けたことによって生じるさまざまな心理的不調・問題が明らかになるにつれ、家族の問題や心身の不調のとらえかたは大きく転換することになった。これまでは、夫に殴られ交番に駆け込んでも夫婦喧嘩は犬も食わないとばかりに説得されるだけだった妻は、現在ではＤＶ被害者として保護の対象となる。長年夫から「ブス」「女のクズ」と罵倒され続けてきた妻が、無気力になり生きる希望を持てないと訴えたとき、こころの悩みではなく夫からのＤＶ被害の後遺症としてとらえる援助者が増えている。子どもが幼稚園で落ち着きがなく友だちを噛んだり玩具を壊すなどの行為が続くとき、親からの虐待の影響を考慮し注意深く観察する必要が指摘されるようになっている。このように援助者のとらえかたが、うつ状態の妻、問題児から、ＤＶの被害者、被虐待児へと変化すれば、当然対応も変わる。対応の中心は、こころの中を覗き込むことから被害者をとりあえず安全な場所に移すこと、加害者から逃げることの援助へと移行したのである。

加害者と被害者がともに暮らすこと

現在私は、被虐待経験をもちながらサバイバルしてきた女性たちのグループ・カウンセリング、DV被害者のグループ・カウンセリング、DV加害者の教育プログラムなどにかかわっている。加害者と被害者の双方にかかわる機会をもっていることで困難な場面を経験することはしばしばだが、一面ではこのうえなく貴重な経験を積むことができている。

今では一般的になった「被害者に必要なことは加害者から逃げることだ」という方針は正しい。しかしそれで果たして十分なのだろうか。被害者の立場に立ち「逃げなさい」と援助することは、どこか正義という大義名分に守られている安心感がある。そんな時、どこかでささやく声がする。それでいいのだろうか、それだけでいいのだろうかと。

DVを受けている妻全員が家を出てシェルターに入所できるわけではない。夫と同じ家に住み続けるしかない女性も多いだろう。虐待を受けた子どもたちも、養護施設に保護され一定期間が過ぎれば親子の再統合を試みる機会がやってくるだろう。家族内暴力の特徴として、かつての被害者と加害者がいっしょに暮らす可能性があることを絶えず視野に入れておく必要がある。カウンセリング場面で、父から性虐待を受けた娘が当の父親といっしょに暮らし続けている例に出会うことは稀ではない。しかも、彼女たちがどのような困難をかかえているのかは、あまり知られていないのだ。被害者である彼女たちへの援助はカウンセリングの大きな役割であるが、その前に加害者へのアプローチこそ必要なのではないだろうか。当然すぎることなのに、正面切ってそのことに触れることは避けられてきたと思う。

加害者との対峙

地震の被害について語ることと暴力の被害について語ることは、同じ被害ということばを使いながらもまるで違う。ましてもっとも安心できるはずの家族からの被害であったら、と考えるとわたしの中で何かが動き始める。雨で濡れたコートを脱ぐときに感じるかすかな重さ、飛行機に乗り込み気圧の高い空間に吸い込まれていくときのわずかな抵抗感、こんな感覚に襲われる。

そして私は思う。目の前に座っている言い尽くせないほどの被害を受けて生きてきた人たちへの心よりの援助を誓うのならば、加害者とも対峙しなければならない。いたずらに責め糾弾するだけではなく、真摯に対峙したいと。職業的倫理観などというたいそうなものではない。どこかそれはバランス感覚に似ている。そう、被害者だけに注目することは明らかにバランスを欠いている。ここで再び加害者ということばが浮かび上がる。加害者とは誰か、加害者はなぜ加害者となったのか。そしてさらに加害者はなぜ加害者であることを認めようとしないのか……。

あの日の夕方耳にした「カガイシャなんです！」という若い女性の声はどこかに宙吊りになっていたのだが、少しずつこうしてあるべき文脈のなかに織り込まれようとしている。どのような方向にそれは広がっていくのだろうか。その展開については不安と期待が入り混じっているが、いっぽうで、カウンセリングで出会った数え切れないほどの人たちの息吹を背後に感じてもいる。

第二章　虐待する親の姿

映画「ある子供」から

ここ一、二年を振り返ってみると、子どもの虐待死と中高生による親殺し、さらには配偶者による殺人が頻発している。地球温暖化による異常気象のせいだけではないだろう。テレビでそんなニュースが流されるたびに私たちは家族の中の加害・被害を感じさせられ、いつのまにかそんな現実になじんでいく。立ち止まって考えるとそら恐ろしくなるほどだ。

では、虐待する親はどんな人たちなのだろう。いくらセンセーショナルに報道されたとしても、実はそこから加害者である親の像はすっぽり抜け落ちている。なぜあのようなことを? という謎は解けないままだ。そんな疑問に対して一つの答えを与えてくれる映画がある。

打ち捨てられた若者たち

二〇〇五年にカンヌ映画祭でジャン＝ピエール&リュック・ダルデンヌ監督（ダルデンヌ兄弟）が二度目のパルムドールを受賞した「ある子供」は、前作「息子のまなざし」（二〇〇二、ベルギー＋フランス）の連作として観ることができる。バックミュージックなし、ひたすらリアルな録音、ドキュメンタリー調のカメラの長回し、少ない会話、上下に震動する手持ちカメラ……ダルデンヌ調はますます健在である。老眼が進行したせいなのか、よほど後方の席でないとひどくカメラが揺れる画面を見ながら吐き気を催してしまうようになった。しかし見終わったあとの気分の悪さはそのせいだけではないだろう。ひとことでいえば、救いのない映画である。ある映画評で「希望の映画」などと書かれていたが、どこに希望があるのだろうか。社会学者宮本みち子さん（放送大学教授）はパンフレットで述べている、ポスト工業化社会において社会構造の変動とともに打ち捨てられている若者たちの姿はどこも似たりよったりだと。舞台になっているベルギーだけではない、同じような若者は日本にも溢れているのだ。主人公の男女をみていると、日本の虐待事件をほうふつとさせられる。できちゃった婚をした若い夫婦が乳児院から引き取ったわが子を育てようとして、殺してしまった事件がある。逮捕後に虐待の理由を問われて「だって、なつかなかったんだもん」と二十代前半の両親は答えたという。この映画を見れば、そのような親の危うさがリアルに迫ってくるだろう。

愛し合う作法がどれほど暴力に似ているか

主人公の女性ソニアは、子供の父親であるブリュノ（夫）と戯れるとき、彼の腕に嚙み付く。悲鳴を上げながら仕返しに首を絞めるまねをするブリュノ。ドライブインでサンドイッチをかじりながら、コーラを相手の頭にひっかけるソニア、そして笑いながらブリュノはソニアを追いかける。嬌声をあげながら逃げる女と追う男。芝生に転がって抱き合う二人は一児の両親である。そして、子どもを片手で抱きながら一本のたばこを夫婦で交互に吸う。戯れる姿と殴りあう姿の境界の危うさがそこここに溢れていて、画面を見る私はずっと緊張していた。三カ月にも満たない子どもがいつか親によって殺されるのではないかという恐怖を感じながら。

主人公のブリュノが、わが子を乳母車に乗せてそのまま売り払うためにケータイで売人と連絡を取る場面がある。売人からケータイに連絡が入るのを待つ場面で、乳母車を傍らに放置したまま、彼は何度も泥水にスニーカーを浸し、壁を跳び蹴りして足跡をできるだけ高い位置につけようと興じる。別の場面では、工業地帯を流れる汚れた河岸にしゃがみこみ、木の枝で無心に水面に半円を描き続ける。小学校低学年の児童が、同じ動作を繰り返しながら一人で遊び興じているのとなんら変わらない無邪気な表情である。監督がブリュノを演じる俳優を選ぶときの基準が、その笑顔の無垢さ（イノセンス）だったというのも納得できる。

ブリュノは父の自覚もなく、金のために手下の少年を使って窃盗と薬物の売人を繰り返している。金が入れば無計画に使ってしまう。売るものがなくなった彼は、「高く売れるよ」という仲間のことばにつられて、最後は自分の息子を子どものいない金持ちに売り払ってしまう。それを知ったソニアは半狂乱になり、卒倒して病院に運ばれる。予想外の事態に怯えた彼は再度子どもを取り戻すが、ソニアは決して許さない。その事件を追う刑事を演じるのが、「息子のまなざし」の主演俳優オリヴィエ・グルメである。ブリュノは嘘をつき、ばれないように実母を使って工作し、さらに窃盗を繰り返す。金持ちの女性のハンドバッグをひったくった後の、少年と二人でバイクに乗った逃避行は迫力満点だ。最後は少年だけが逮捕され、逃げ切ってしまうブリュノであるが、金もなくなりついに少年の後を追って自首する。

すべてを失っていく細かいプロセスをカメラは淡々と追い、主人公が最低の男であることをこれでもかこれでもかと描き続ける。その粘り強いエネルギーはさすがダルデンヌだと思わされるが、それに辟易することなく、パルムドールを与えたカンヌ映画祭の審査員の姿勢にも感服する。ラストシーンは、刑務所に面会にきたソニアとブリュノが自販機で買った紙コップのコーヒーをすすりながら、唐突に手を握り合って号泣するところで終わる。

赦しや希望ではなく

大多数の観客は、あの涙をブリュノの後悔とソニアの赦しと受け止めるだろう。そう思わなければあまりに希望がないし、その可能性を否定はしていない撮り方である。しかし私にはそう思えなかった。きっとあのブリュノは刑期が終わり出所して、ふたたび以前の生活に戻るに違いない。ソニアも迷いつつ再同居することになる、そう確信した。映画の前半に、家庭訪問をしたソーシャルワーカーに対してソニアが子どもの怪我を訴えているシーンがある。台所でその話を聞きながら落ち着きのない表情を見せるブリュノを、カメラはクローズアップする。彼のわが子への虐待が暗示される見事な演出である。ソニアがブリュノと暮らせば、一度は売り飛ばされたあの子どもは再び父親から虐待を受けることになるだろう。子どもは殺されるかもしれないと考えたとき、ダルデンヌ監督の意図が少し理解できたような気がした。刑務所で、そのことを二人は予感しているのかもしれない。あの涙はおそらく、なぜ自分たちがこのような人生を送らなければならなかったのか、という二人に共通する絶望と未来のなさから流されたのではなかったのか。そもそも二人の結びつきも、原家族から放逐された者同士、落ち葉が吹き溜まるようにつながったのではなかったか。

日本であれば、社会からこぼれおちたひとたちの生活を描くとき、たとえば黒澤明の映画「どですかでん」のように、人情や笑いを挿入して見る者を救おうとする。わずかの希望とユーモアをまぶし、潤いを施さずにはいられないかのように。ダルデンヌはしかし一切の抒情を排し、徹底的にブリュノの転落を描く。その乾いた砂のような感触は、実際はカラー映画なのに、見終わったあとでモノクロ映画と錯覚してしまうほど徹底している。

二人が号泣するシーンが突然暗転することで、観客は映画が終わったことを知らされる。エンディングロールはキャストとスタッフの名前が延々と映し出されるだけで、何の音楽も流れない。沈黙の中で途方にくれたのは私だけではないだろう。突き放されたような終わり方の中で、いったい何に自分が圧倒されているのかもわからないまま呆然として座り続けた。映画館を出ると雨が降っていた。小雨に濡れながら歩いていくと少しずつことばが湧き上がってくる。私が突きつけられたのはどこまで行っても出口のないような希望のなさであり、残酷なまでの貧困と主人公の無邪気な「悪」であった。ことばももたず、大切にされた経験もなく、ただただ年齢だけおとなになった人たち。お金もなく、暴力以外に人にかかわるスキルもなく、親から保護を受けた記憶もない。将来豊かに暮らせる見通しもなく、目前の消費と快楽しか存在しない。日本のあちこちで起きている子どもを虐待する親と同じ瞳を、私はブリュノの瞳に見る思いがした。それは無邪気でイノセントな奇妙な輝きに満ちている。「だって邪魔だもん、仕方がないじゃん」と子どもを捨てる親は言う。お金もないし、住む部屋も狭い。車上生活で子どもを育てている親すら珍しくない。ブリュノが子どもを売り飛ばすこととどこが違うのだろう。

失うものが何もなく、あらゆる価値から放逐された果てに残されたあっけらかんとした「悪」は、ヒューマンなことばを固く拒絶する。そんな砂漠のような現実を、やはり私は見たくないと思っていたのだった。寒々とした、どこから手をつけていいのか途方にくれる現実を雄弁に伝える映画はそれほど多くはない。ダルデンヌ兄弟は、いつも映画に毒を仕込んでいるようだ。見終わったあと、それはじわじわと効いてくる。でも、私はその毒を体内に持ちこたえることで日本の現実を見据えたいと思う。過去に例を見ない貧困層の発生、不況脱出の掛け声とはうらはらな格差社会化の進行。増え続ける子どもの虐待は、そこを生き続ける若者の希望のなさを知らなければ理解不能なのだから。

A子の場合

八年ぶりに

「添加物の入った食べ物が子どものおやつに出ると思うと耐えられないんですよ……。同年齢の友だちをつくるためにも、保育園に通わせたほうがいいことはわかってるんです。でもこんなんじゃ無理ですよね、きっと。夢みたいなことばっかり考えてるのかも」

A子は話しながら両手で顔を覆う。その腕は相変わらず細い。三三歳になった彼女は八年ぶりにカウンセリングにやってきた。過食と嘔吐、リストカットやオーバードーズ（処方薬の大量服薬）を繰り返し精神科病院に何度も入院したのだが、バイト先であるファストフード店の店長と結婚することになった。それがきっかけで過食嘔吐は止まり、A子の母親は、そしてカウンセラーである私も喜んだ。このように結婚が摂食障害の症状を消失させるきっかけになることもあるが、その逆もあることはいうまでもない。すっかり記憶の底に沈んでいたA子が再びカウンセリングにやってきたのは「子どもを虐待してしまう」という主訴によってだった。

法は家庭の前で立ち止まる

新聞やテレビで虐待死の事件を見聞きするたびに、多くの人たちは「どうして、あんなかわいい子どもを」と絶句する。その理由はいまだに推測のままで明らかにされてはいないが、現場の援助者には原因究明をしている暇などない。とにかく子どもを親から引き離して救うこと、そのことだけに汲々としているのが今の日本の現実である。街角や田園地帯でおきる犯罪と比べると、固く閉ざされたドアの向こうで起きる家族内の暴力はもっと複雑な様相を帯びる。通りがかりの男に小学生が刺された事件が発生すれば、その報道で「加害者は……」と語ることに何の抵抗もないだろう。ところが虐待やDVについてはそうはいかない。虐待やDVをする人間のことを明確に加害者と呼んでいるのは、おそらくDVの被害者を支援している人たちだけだろう。その理由の一つは日本の刑法にある。

刑法のゆるぎない基本精神は「法は家庭に入らず」である。マンションの扉の向こうで妻が血を流していようと、子どもが投げ飛ばされていようと、日本ではそれだけでは犯罪にならない。家庭は無法地帯である、と言い換えることもできる。欧米では一九八〇年代から、同じ東アジアの台湾や韓国でも九〇年代末から、夫が妻に暴力を行使することは犯罪と認定されている。家族の暴力から最低限身を守る法律すらないわが国の現実を知らない人があまりに多いのは残念だ。

カウンセリングは戦い？

すでに述べたように、被害者の立場に立って初めて害を加えた人間のことを加害者と呼ぶことができる。凄惨な被虐待経験を持ちながら生き延びてきた人たちや、夫から殴られ罵詈雑言をシャワーのように浴びせられてもプライドを捨てずに生きてきた女性たちとカウンセリングで出会ってきたが、彼女や彼ら被害者の立場に立つことで、初めて私はカウンセラーとして信頼を得ることができる。そのことに気づくまでには、多くの時間と経験が必要だった。しかし、被害者の立場に立つことはそれほど容易ではない。なぜなら時に加害者との対決を意味するからだ。カウンセラーにつきもののイメージである、やさしさ・穏やかさ・中立的態度を踏み越えなければそれは不可能である。そして何より勇気と覚悟が要る。カウンセリングは時には戦いであるとまで考えている。今から二〇年前の私は、そんなことを予想すらしなかった。

人生のリセットのために

A子は心から出産を望んでいた。妊娠したとわかったとき願ったことはただ一つ、我が子には自分のような人生を歩ませたくはないということだった。ノゾミが生まれて一年間は夢中だったが、授乳したり、おむつを替えることにそれなりに充実感をおぼえていた。ところがノゾミが歩行を開始するころから、A子はパニックにおそわれるようになった。自分が調理してもいない物を口に入れる、公園では触ってほしくない草に手を触れる。何よりノゾミが自分の意志を主張し始めたことが当惑させた。「ママ、いや」と拒絶するかと思うと、A子の口癖の「汚い」をまねして「きちゃない」と繰り返すようになったのだ。

母との葛藤、両親の離婚、学校でのいじめ、苦しみに満ちたそれまでの人生を、ノゾミをとおしてリセットしたかった。自分とはまったく違う人生を歩ませることでそれは実現されると思った。それなのに、ノゾミはそんな自分の願いを拒否する。それどころか、食品や手を強迫的に洗い続けるA子の奇妙な癖をいつのまにかノゾミは知っているかのようだ。A子はノゾミの反応が怖くなった。ノゾミから拒否され、見透かされるのではないかとびくびくしながら話しかけてしまう。「ねえ、お願いだから、じゃがいも食べてくれない？」

夫は「いったい誰に話してんだ、お前の子どもだろ、おかしいよそれ」とあきれるだけで、それほど心配するわけではなかった。夫の出社後は親子二人になる。マンションには同じ年齢の子どもをもつ母親が何人もいるが、なじめなかった。彼女たちから嫌われているにちがいないという思いが、どうしても拭えない。A子は公園とスーパーと自宅マンションの三角形を行き来するだけの、閉鎖的な世界を生きるしか方法がなかった。

止まらない

スーパーで買い物をしているとき、ノゾミがポテトチップスを欲しがった。塩分と添加物とカロリーからみて最悪の食べものだ。とたんに不安が突き上げ、心臓が音を立てる。ふだんから食べさせないようにしてきたのに、きっと公園で他の子どもからもらったに違いない。ああ、監督不行届きだった。ジャンクフードからノゾミを守れなかったなんて、どうしようもない母親だ。こうしてA子はいつもの自責と自罰の回路にはまり込んでいく。A子の気持ちなどおかまいなしのノゾミは「これ、きちゃない〜」とカートの上から惣菜コーナーのチンジャオロースーを指差して叫んだ。近くを通るひとがそんなノゾミを見て笑っている。きっと母親の育て方が悪いと思っているに違いない。思わずノゾミを叩く。ああ、まずい。こんな大勢の人の前でノゾミを叩いたら、ひどい母親と思われるだろう。そう思えば思うほど止まらなくなり、カートを揺すりながら、「だめでしょ、どうしてわからないの!」と大声で叫ぶ。手も足もぶるぶる震えてしまう。

「キレちゃって、頭の中が白くなっちゃって……。そんなことが何回あったかわかりません」、目の前のA子は淡々と語る。

死んでくれてもいい

その頃からある衝動に駆られるようになった。ノゾミの手を引いて歩いている時に、前から車が走ってくると道路に向かってノゾミを突き飛ばしてしまいたくなるのだ。「正直もう死んでくれてもいいかな、と思うんです。私、母親の思い通りに生かされてきたでしょ。死にたくても死ぬことも許されなかったんで、ここまで生きてきたような気がするんです。そんな母親に育てられるなんて、かわいそうじゃないですか。だったらいっそ殺しちゃったほうが、ノゾミのためかもしれないし。短いかもしれないけど、少なくともダラダラ生かされてきた私とはぜんぜん違う人生ですよね」。少しだけ笑みを浮かべ、ソファにもたれてジーンズの足をゆっくり組み直す。

私はそれほど驚かずに聞いていた。A子は決して子どもを殺したいと思っているわけではない、殺したくないからこそやってきたことはよくわかっていた。私が少しも驚かずに、裁くこともせずに自分の話を聞いてくれると信じているからこそ、語っているのだ。

未熟だ、愛着障害だ、親になりきれていない、甘えている、などとA子を切り捨てて批判する言葉は世の中にも専門家の間にも溢れている。しかし、そんな考えが一瞬でも私に浮かべば、A子は即座にそれを見抜くだろう。クライエントは命を賭けるほどの必死さでカウンセラーの態度を観察しているものだ。部屋の外からは、付き添ってきた実母とノゾミの笑い声が聞こえてくる。A子の話とは別の世界のような明るさだ。それを聞きながら、ひと呼吸置いて「ノゾミちゃん、笑ってるよね」と明るい口調で言った。目が合うと突然、A子は一重まぶたから大粒の涙をぽろぽろとこぼした。

子どもに怯える親

A子にとって子どもとは何だろう。自分の体から引き裂かれるようにして生まれた存在に、「自分と同じ人生を歩ませたくない」ということだけを望み、ノゾミと名づけた。小さくて不完全で、自分の生理的欲求を他者の手助けによって満たされることで生きていけるのが子どもである。周囲にそのことをわかってもらえなければ生きてはいけない。大学で心理学を学んだA子は、当然そのことを認知しているはずだ。しかしノゾミは保護すべき弱く小さな存在というより、統御不能でどこか不気味な、誰よりもA子を見抜いている存在だった。自分と対等で、ときには自分を圧倒する存在ですらあった。

かといってA子はノゾミの意志や人格を尊重しているわけではない。幼い子どもを親と対等視することはしばしば推奨されるが、同時にそれは子どもの現実を無視して法外な能力を子どもに求めることを意味する。子どもの立場に立てば、それはネグレクト（虐待の一種、育児の怠慢・放棄）に他ならない。母が（時には父が）子どもと真剣に格闘することは危険なのである。対等視が生み出す恐れや嫉妬、おびえなどは、虐待の回路を生み出すからだ。自分の力と、弱く小さき存在である子どもの力との圧倒的落差を認めること、自らが支配する権力を持ってしまったことを自覚すること、子どもから見て圧倒的な存在であることへの惧れを抱くこと。虐待への回路を断つためにはこのような親としての自己認識が必要である。

A子の話を聞きながら、近年の育児論における「対等な存在となること」「同じ目線に立つこと」の強調を、私は危ないと思った。逆説的な言い方だが、親は子どもに対してこのうえない権力者であることこそ強調されなければならない。言い換えれば、自らの加害者性を自覚することが重要なのだ。そのことを私はA子のことばから学んだ。

第三者のかかわり

A子の「自分と同じ人生を歩ませたくない」というノゾミへの根深い願望が、完全に忘れさられたわけではない。でも、まず行動を変えること、そのために一カ月のスケジュールを立てることから始めることにした。地方自治体の保健師の紹介で、現在は週一回保健所で開かれる子育て支援グループの集まりにA子は参加している。ベビーシッターを頼んで、カウンセリングにも二週に一回通っている。最大の障壁であった、ノゾミに添加物の入ったおやつは食べさせないという食生活の強制は、まだ完全になくなってはいない。しかし二週に一回カウンセリングに来る自由な時間を使って、原宿のファストフード店に立ち寄ることを約束し、少しずつ実行できるようになった。ジャンクフードにA子が慣れることでノゾミにもそれを許容できれば、近い将来ノゾミが保育園に入り、同年齢の子どもたちと遊ぶことができるようになるのも夢ではなくなるだろう。母と子の間に、第三者ができるだけ多くかかわることの重要性は、多くの虐待死が孤立した家族で起きていることによって証明されている。

A子の努力には涙ぐましいものがあった。彼女をそこまで駆り立てたものは、ノゾミを殺したくはないという思い、その一点に尽きるだろう。A子は自らの加害者性を自覚することで、加害者になることを回避したのだ。そのことに対して、私は何度もカウンセリングで言及した。「少しはましなママになったかな?」と照れながら語る

A子は、自分自身の変化にも十分自覚的であるに違いない。こうしてA子は人生の危機をまたひとつ乗り越えたのだ。

三つのタイプの親たち

タクシーに乗っていて、ラジオのニュースを耳にすることがある。ある時、W県の三六歳の母親が小学生の娘に対する傷害容疑で逮捕されたというニュースを聞いた。三人の娘を連れた夫と再婚した母親は、他の二人の娘にも綿ぼこりを食べさせたりタバコの火を押し付けたりしていた。学校の教師が少女の額の怪我に気付いて児童相談所に通報し、逮捕につながったという。マスコミで報道されるのは、このように悲惨な事例ばかりであるが、実際には報道されない虐待は数え切れないほど起きている。三人の娘は保護されたようだが、きっかけになったのは学校の教師の通報である。その母親が自分から児童相談所に駆け込んだわけではない。さて、子どもの虐待には二通りの当事者がいる。被害者である子どもと加害者である親だ。

キーワードとしての「当事者性」

通り魔事件に遭遇したひとは「私は被害者です」と自覚しているので、当事者性を有するといえる。いっぽう襲った側も偶然ではなく事前に凶器を準備しているのだから、加害者としての当事者性を有する。このように加害者と被害者がともにお互いの関係性を自覚していること、つまり当事者性を有していることが、一般的な犯罪における一つの前提となる。

ところが子どもの虐待においてはそうではない。W県の事件で、一体誰が当事者性を有していたのだろう。母親は娘の顔を殴った時、「なんてひどいことをしたんだろう、虐待をしてしまった」などと苦しんだろうか。それを見ていて父親は胸を痛めただろうか。一年以上も暴力が続いたところを見ると、そんな自覚などなかったと思うしかない。いっぽう綿ぼこりを食べさせられ、タバコの火を押し付けられた幼い娘たちは、「こわい」とか「熱い」という苦痛を感じることはあっても、虐待を受けているという自覚はなかっただろう。そのような自覚は、小学校の低学年ではまだ持てないのがふつうだ。稀に自分から児童相談所に出向いて「お父さんの虐待から救ってください」などと訴える子どももいるが（実際にS県でそのような事件が起きている）、多くは小学校三年生以上である。このように子どもの虐待においては当事者性を有する人がほとんどいないために、多くの悲惨な事件が生まれ、時には幼い命が奪われることになる。加害・被害の自覚がなく、結果として幼い子どもが親の犠牲になる悲劇を、どのように防いだらいいのだろう。キーワードは「当事者性」である。

第三者が当事者になること

ではいま述べた虐待の場合、誰が当事者性を持っていたのだろう。言い換えれば、誰がその事態を虐待だと判断し、定義したのだろうか。ラジオの報道を聞いた限りでは、少女の小学校の担任教師である。受け持ちの生徒の顔の傷に不審なものを感じ、いち早く虐待を疑い、児童相談所に通報をした。教師の一連の行動がなければ、三人の娘たちはさらに虐待を受け続けることになっただろう。

児童虐待防止法は二〇〇〇年に成立し、二〇〇三年には一部が見直され改正された。改正後の特徴の一つが、通報義務の明文化である。学校の教師や幼稚園・保育園などの職員は、虐待が疑われる場合は、たとえ確信がもてなくても、児童相談所に通報しなければならないようになった。法律改正がその教師の通報を後押ししたのだ。

前にも述べたように法律は家庭の玄関の前で立ち止まってしまうが、幸いにも子どもたちは学校や幼稚園、保育園といった家庭の外でも暮らしている。そのことが第三者による虐待という判断＝定義を可能にする要因の一つである。もう一つは「親は子どもを殺すはずがない、親心は何より美しい」という従来の常識の転換である。親は子どもを殺す可能性があるという疑いを持つことで、「厳しいしつけ」ではなく、虐待と定義することが可能となり、発見につながるのだ。その第三者が虐待を発見した初めての当事者となる。虐待を受ける子どもへの支援は、それを発見したたった一人の当事者から出発し、児童相談所や周辺のひとたち（同僚や近隣住民）を巻き込みながら当事者が増えていく。当事者性をもたない一組の親子を巡って「虐待防止のネットワーク」はこのように形成される。では加害者である親はいつ、どのようにして当事者性をもつようになるのだろう。言い換えれば、自分が子どもを虐待したことを心より悔い、苦しむ当事者になるのはいつなのだろうか。

タイプ①の親

加害者である親を当事者性をもっているかどうかを基準にして二つに分類してみよ

う。

加害者としての当事者性をもつ親①と当事者性をもたない親②である。①についてはは前に登場したA子を思い出してもらいたい。彼女は自らの育児態度に危険なものを感じ、つまり加害者の自覚をもち、カウンセリングにやってくることで安全な育児態度への転換に向けて大きく舵を切ることができた。地域で開催される子育て相談や子育て支援グループの集まりに足を運ぶ親たちも①に分類される。「どうしてこんなことを子どもにしてしまうんだろう」と苦しむ彼女たちは明確な当事者性を持っている。その苦悩の重さに反比例するかのように、彼女たちが実際に子どもを傷つけたり死亡させたりする可能性は極めて少ない。一九九〇年代半ばまでは、虐待する親はほとんどタイプ①だと考えられていた。その多くの親が自分も虐待された経験をもっていたことから、虐待は世代間で連鎖すると考えられた。虐待は、多くの研究から必ずしも連鎖するわけでないことが明らかになっている。虐待されて育ったと自覚している人は、子どもを生み育てるときに必要以上に脅えることがある。世代連鎖が必ず起きるという強迫観念にとらわれてしまっているからだ。だから、私は世代連鎖ということばは慎重に用いるべきだと考えている。

タイプ②の親

児童虐待防止法が成立することで、多くの虐待する親たちが、子どもに対する傷害や殺人の容疑で逮捕されるようになった。その結果、もっとも危険な親は、タイプ②の当事者性をもたない、つまり虐待の自覚がない親たちであることが明らかになった。幼児が頭蓋骨陥没の重傷を負ったというテレビのニュースを見ながら、多くの人たちは、「あの親は子どもの頭を殴りつけるときに虐待だと思っていないのだろうか」といぶかしむだろう。「はい、思っていません」、これが答えである。ではどう思っているのだろう。「なんとも思っていません」がその答えだ。殴りつけるその行為に、名前など付けてはいない。ごはんを食べながら私たちは、おいしいかまずいかと判断したり、よく嚙まないと消化に悪いと思うことはあっても、「自分は今食事を摂っている」と自覚をしているだろうか。食事は生活の一部として、半ば習慣になっている。それと同様に、親から子どもへの言動は、日常生活の一部になっている。生活が苦しい、妻（夫）の態度が気に食わないと感じることはあっても、子どもに対して親は無自覚であることが多い。せいぜい「自分は親なのだから子どもは言うことを聞いて当然だ。自分の行為はみんなしつけだ」くらいの自覚しかもっていない。もしくは、腹が立ったから殴っただけなのだ。数年前、子どもを餓死させた虐待事件があったが、逮捕された親は「態度が悪いから罰として食べ物を与えなかった」と供述した。飼い犬は丸々とふとっていたというから、犬の餌やりには自覚的だったのだろう。子どもを栄養失調で餓死させた虐待事件の親は、全員が口をそろえて「しつけだった」という。自分の思い通りにすることがしつけだと思っているのなら、思い通りにならない子どもに罰を与えた彼らが嘘を言っているわけではない。どんな親でも家族の中では最高権力者であり、親の考えによって家族という小さな世界は支配され尽くすだろう。親の言うとおりにならなかったために食物を与えられない子どもは、日々少しずつやせていくしかない。まるで地球温暖化のように日常化した微細な変化に、家族のメンバーは鈍感なものだ、そんな日常性のなかで、子どもはある日餓死に至る。

タイプ②′の親

タイプ②の親たちにもう一つのタイプ②′を付け加えたい。このタイプは、なんらかの理由から子どもに対して十分で適切な関心を注げない親たちである。たとえばある強迫性障害の母親は、子どものオムツに手を触れることができない。「汚い」からだ。

母乳を与えるたびに消毒綿《めん》で乳房を拭《ふ》く行為が止められない母親、強い妄想に支配されている母親、出産後にうつ病になる母親なども同じ部類に入る。タイプ②を「精神病理的背景をもつ母親」としてくることができる。養育が不適切・不十分であると判断された場合、子どもを親から分離・保護すると同時に、彼女たちに対しては精神科医の関与と治療が必要となる。どのようにして治療に導入するか、治療によっていつごろ回復できるか、どの時点で育児が可能になるかを判断するには、精神科医以外にも臨床心理士をはじめとする多職種が緊密に連携する必要がある。虐待の発見から、とりあえず子どもを安全な環境に保護するまでの働きかけを「介入」と呼ぶが、日本では徐々に方法論が構築されつつある。知人のB保健師から聞かされた記憶に生々しい一つの事例がある。

家庭訪問

カウンセラーという仕事は、「待ち」の姿勢が基本になっている。相手がカウンセリングにやってくるのを待つしかなく、あちらこちらへ出かけてごめんくださいと言って家庭を訪問するわけにはいかない。B保健師の話から、扉の向こうの家庭の中、プライバシーの壁を破って入っていこうとする行為のもつ迫力を痛感させられた。私の臨床経験はアルコール依存症から出発しているが、同世代の彼女も当初からアルコール問題に熱心にかかわっていた。その後、お互いにDVや虐待にまで仕事の対象が広がった縁で、職種は異なっているが、心強い仲間の一人として今日までおつきあいが続いている。

「信田さん、どんな家庭でも一歩中に入ってみないとわかんないもんよ」。大きな声で語る彼女は、長年虐待問題にかかわってきたベテラン保健師として一目おかれている。彼女から聞かされた話の記憶をたどり、家庭訪問から始まるある事例を再構成してみることにしよう。

ゴミの山に埋もれた子ども

気になる母と子

一つの生命が生み出されるまでには、いくつかの公的援助が必要だ。母子手帳の発行、両親学級の開催、保健師との相談などがそのために実施されている。出産後は、希望者に対して生後一カ月までを対象とした家庭訪問による新生児相談が実施される。その後は三カ月、一年六カ月の健診、三歳児健診と続き、地方自治体によってはさらに細かく実施しているところもある。子どもの疾患や障害の早期発見も目的の一つであるが、育児相談の機能も兼ねることで母親の育児不安を軽減することも大きな目的である。近年では虐待発見の機会としても重要視されるようになっている。

前述のB保健師は、担当地区のユミコとトシヒコという母子に注目した。何処かでアンテナにひっかかるものを感じたからだ。私も身に覚えがあるが、長年仕事に就いていると知らず知らずのうちに一種の勘が働くようになる。なんともいいようのない違和感やわずかのひっかかりなのだが、意外と的を射ていることも多い。出産前から生活保護を受けているユミコは、新生児相談の実施希望も出さず、保健所の三カ月健診にもやってこなかった。二十代前半での出産はそれほど珍しくはないが、周辺で育児を支援してくれる実母のような存在がいなければ、新生児を抱えて母親として歩み始めるのは大変だ。

Ｂ保健師は福祉事務所の男性ソーシャルワーカーのＣと連絡をとった。Ｃワーカーもアルコール依存症の問題に熱心に取り組んでおり、その関係で彼女とはこれまでにも何度か業務上の連携をとってきた。ユミコが生活保護を受けるにいたる経過を彼は詳しく話してくれた。彼女はその話を聞きながら、これはユミコがあらゆる人間関係から放逐されていくプロセスそのものだと思えた。

熱血ワーカー

臨月のおなかを抱えたユミコは、面接の予約時間より一五分も早くやってきた。面接中はＣに対しておどおどした不安げな目つきをするかと思うと、時折投げやりで無防備な表情も見せた。声も小さくことば数も少ないため、くわしい事情を聞き取るのに時間がかかった。訥々《とつとつ》と語る話の内容や、外見から受ける印象からは、どうやってここまで生きてくることができたのか、これから一児の親としてやっていくことができるのだろうかと不安になるほど、幼くはかなげだった。

高校中退後ずっとパチンコ店でアルバイトを続けてきたこと、夫が突然「蒸発」したため困っていること、昨日パチンコ店を馘《くび》になってしまったのでどうしたらいいのか途方にくれていることなどが、聴取によって理解できた。Cは若いころ同僚から「熱血ワーカー」と呼ばれていたが、生活保護の担当になってからはあまりに悲惨な話が多く、正直うんざりした気分になっていた。ユミコの姿は弱々しげだったが、あと一カ月足らずで生まれてくる子どもの命を預かってくれという無言の圧力も感じた。こんな相談からはできることなら逃れたい、と頭のどこかで思いながらも続けて話を聞いた。

ユミコによれば、実家の構成は「酒好き」の父と「パートをかけもちしている」母、「病名はわからないけど」精神科に入院歴のある弟がいる。両親は同じ市内にいるのだが、「妊娠したというので父から散々殴られて勘当された」とぽつりと語り、それ以上は何も話さなかった。弟について話すときは少し怯えた様子だった。生活保護費の支給は、対象者を扶養してくれる家族がいないことが前提なので、翌日Cはユミコの実家に電話した。留守電になっていたので家庭訪問の日時を告げた。

帰る場所もなく

２ＤＫの木造アパートの実家には、たしかにユミコが帰るようなスペースはなさそうだ。四十代後半の母は迷惑そうに言った。「勝手に男をつくって出てったんだから、いまさら戻られてもどうしようもないです」、「息子が病気なもんで。デイケアに通ってる間にパートして、土日は別のパートだし、うちだってぎりぎりで暮らしてるんですよ」。そこに仕事から戻ってきた父がぬっと現れた。酒のにおいをぷんぷんさせながら無言のまま部屋のふすまを閉めた。その向かい側の部屋にはおそらく長男が息をひそめて座っているのだろう。「ずっと役立たずで、せっかく高校まで行かせたのに満足に仕事もできずに……」、いつまでも続きそうなユミコへの愚痴をさえぎるようにしてCは退出した。もう少しやわらかい表現ができないかと呆れるほど、母のユミコに対する嫌悪は露骨で、聞きながらやりきれなさを感じるほどだった。自分に強く依存している病気の長男を抱え込んだ濃密な母子関係、その背景にある夫からのＤＶ、これらの存在はほぼ間違いないだろう。そしてユミコの怯えた表情からは、父と弟からの身体的暴力と性虐待も疑われると思った。母のユミコへの嫌悪はそう考えれば腑に落ちるものがある。アパートの路地から大通りに出たＣはそう考えながら、いつの間にかユミコと生まれてくる子どもを守ってやらなければという気になって、久々に熱血ワーカーの血が湧き上るのを感じた。

ユミコと同い年だった夫は「ホストみたいな顔」だったらしい。蒸発したのは別の女を作ったのか、風俗店で金銭がらみのいざこざでもあったのか、いずれにしてももうユミコの元に戻ることはないだろうとＣは思った。とにかく夫との離婚手続きを指示しよう、そうすれば母子家庭としてなんとか生きていけるだろう。Ｃの介入によって、こうしてユミコは生活保護費を支給されることになった。

異臭漂う部屋

Ｃから長い話を聞いたＢは、勢いこんでユミコの住むアパートを訪ねた。九月の下旬だったが、まだ太陽は夏の名残を感じさせる。地図を見ながらバス停から一〇分ほど歩くと、それだけでどっと汗が噴きだす。彼女はハンカチで汗を拭きながらアパートの階段を上り、端から二つ目の部屋のドアをノックした。三度目のノックでようやく扉が開けられる。出てきたのは顔色の悪いジャージ姿の母親、二二歳のユミコだ。髪は何日も洗っていないらしく、寝起きのままに逆立っている。用心深く周囲をうかがっている様子だ。しょうゆのしみが点々と胸についているのが目に入った。

部屋の中に入ると、とたんに表現しがたい臭いがBの鼻をつく。「誰かこの部屋を見張ってる男、いなかったですか」ユミコは手のひらで顔の下半分を覆いながら小声でつぶやいた。カーテンを閉め切った薄暗い空間に目を凝らすと、玄関から台所に向かって足の踏み場もなくゴミの山が連なっている。

「そんな人、いなかったですよ」相手を落ち着かせようと平静な声で答えながら、Bはこれからの手順を大車輪で考え始めた。Bのことばに対して返事をするでもなく、聞き取れないことばを小声でつぶやきながら、ユミコはゴミの山の間を先導する。窓にはガムテープで目張りがしてある。吐き気をもよおす臭いが強くなる。流しに山積みになった食器、発泡スチロールの容器の数々、それに汚れた紙おむつ。それにしても子どもは、トシヒコと命名された男の子はどこに寝かされているのだろう。居間に入るとまずユミコの敷きっ放しの布団が目に入る。しかしそこに子どもはいない。「あの、お子さんは」緊張のあまり思わず上ずった声でたずねた。「シーッ」そう言って振り向いたユミコは、いままでと打って変わって眉間にしわを寄せている。その目は玄関の向こうの誰かを見つめているようだ。そして腰をかがめ、ごみの山を掻き分けながら何かつぶやいている。きれぎれに聞こえてくることばはやっぱり意味不明のままだ。Bは、ユミコが妄想に支配されているに違いないという確信を深めた。

ユミコが山のような発泡スチロールやビニール袋の下から抱き上げたのがトシヒコだった。思ったより丸々とした男の子はぐっすり眠っていた。ユミコは用心深くあたりを窺いながら、Bにそっとトシヒコを渡した。ベビー服はかなり汚れているが、なんとかオムツは交換しているらしい。最悪の事態は免れた、とBは思った。

子どもを救うために

Bの話を聞きながら、アパートの情景がありありと私の目に浮かんだ。仕事がらとても信じられないような話を聞くことも多いが、ゴミに埋もれた子どもというのは、思わず身を乗り出させるほど私を驚かせた。

「その後はね、意外と順調にいったんでよかったわ」「入院はすんなりいったの？」「うん、Cさんにも協力してもらって、D病院を受診させたの」「子どもは？」「本人も妄想状態がつらかったみたいで、ゆっくり主治医が説明したら乳児院に入れることにすぐOKしたわ。主治医も女性だったからよかったかもね」「ふーん」「入院して落ち着いたので、二週間に一回ずつ外出して子どもと面会させるようにしたのよ」

Bは明るく笑った。別れた夫が子どもを奪いにやってくるという妄想に支配されたユミコは、徐々に自分の行動範囲を狭めることにより追い詰められていったらしい。医師によって統合失調症と診断されたユミコは、入院後は投薬によって妄想も少なくなり、落ち着きを取り戻したという。外出が許可されるようになると、BとCがかわるがわるユミコに付き添って乳児院に連れて行き、トシヒコと面会させるようにした。最初は不安がっていたが、三回目からはトシヒコの顔を見ると笑うようになり、それを見た乳児院の小児科医も、少しずつユミコがトシヒコを抱く時間を長くして、ユミコの回復に協力してくれるようになった。

社会化される虐待

い。B保健師はその一年後に転勤したが、熱血ワーカーのCから情報は届いているらしい。ユミコは三カ月後に退院し、乳児院のトシヒコの担当者とユミコの主治医とを交えての総合的判断により、段階的に親子同居を開始することになった。三歳になったトシヒコは保育園に通いはじめ、ユミコはなんとか送り迎えをしながら、ちょっとしたアルバイトと精神科のデイケアを日課にするようになった。

ユミコは、自分の病気のせいで子どもに悪い影響を与えてしまったのではないかと時々不安定になったりもするが、保健師、ソーシャルワーカー、精神科医、保育士、小児科医、臨床心理士といった多くの職種の協力とネットワークに支えられて、自分の精神状態をなんとか持ち直すことができるようになった。実家の親や雇用主、夫からも捨てられたユミコだったが、今では自分たち親子を支えてくれる文字通り網の目のような人間関係の中で生きている。

ユミコの事例からは、虐待を防ぐためには親の心構えや愛情不足の問題を指摘するだけでは不十分なことがわかる。子どもを救うためにどのような戦略が必要かを熟慮したうえ計画をたて、ネットワーク内のメンバーが役割分担して迅速に動く。それはあたかも国際政治における危機介入に似ている。そんな機動力をもつ虐待防止の専門家がもっと養成されることが望まれる。

厚生労働省は虐待の通報件数が一九九五年からの一〇年間で約一〇倍になったという現実を踏まえて、二〇〇七年度から「こんにちは赤ちゃん事業」を開始し、生後四カ月までの乳児のいる全家庭を専門員が訪問することを決めた。子どもだけでなく、養育環境と親の精神状態までも把握することがその目的である。虐待問題は子どもをチェックするだけでなく、母親をとりまく環境にも注目しなければ防止できないことがわかってきて、それが政策にも反映されつつある。児童虐待防止はこのように社会化されつつある。ユミコの事例はまさにさきがけであったといえよう。

無関心な父親たち

子どもの目の中に幼いころの自分を見る

子育てに対する不安を抱えたタイプ①の母親たちは、それを共有する友人を見つける機会も少ないために孤立しがちである。各地で実施されている「子育て支援のグループ」は、一対一の関係が基本の個人カウンセリングとは異なり、参加メンバーが相互に交流できて、他者に映る自分を見ることができる。また、他者の発言を聞くことによる学習効果も期待できる。グループを実施した経験者に聞いたところによると、子どもとの関係が最大のテーマであることは言うまでもないが、回数を重ねることで登場するテーマが二つあるという。一つは自分と親との関係であり、もう一つは夫との関係である。前者は幼いころに親から受けた虐待経験が中心になる。このような経過は、私が個人カウンセリングで出会った多くのタイプ①の母親たちと同じである。

彼女たちはこんなことを語る。「子どもを殴っているとき、私を見つめる怯えた目の中に、不意に幼いころの自分の姿を見てしまったんです」「ずっと父や母から殴られることが日常的だったので、絶対子どもができたら殴らずに育てるぞって思ってきたのに、ある日気づくと自分がされてきたのとおんなじことをしてたんです。ほんとにショックでした」

こんな生々しい発言が続くと、虐待はやはり世代連鎖するのだろうか、被害者が将来の加害者になるのだろうか、と考えがちだ。しかし世代連鎖は十分防ぐことができるし、むしろこのことばが母たちを追いつめることのほうが問題であることを強調したい。

これまで述べてきた親子から少しだけ視点を移動させて、家族関係におけるもうひとつの加害・被害について考えてみたい。それは二つ目のテーマ、夫との関係である。

夫には期待しないようにする妻

夫に対する発言で一番多いのが、「仕事が忙しくて夫は私の話を全然聞いてくれない」である。当初は夫に対して「一日中子どもと二人っきりでどれほど不安だったかを聞いてほしい」と積極的に要求していた彼女たちは、取り合ってくれない態度が続くにつれ徐々に夫への期待を撤去するようになる。要求すれば傷つくだけなので、夫の育児参加をあきらめるしかない。「とりあえず給料は稼いできてくれるから」「殴ったり蹴ったりするわけじゃないから」という理由で自分を納得させながら、彼女たちは一人で育児に立ち向かうようになる。タイプ①の母親の背後にはおそらくこのような夫（父親）が存在している。

A子とユミコの事例において、私は彼女たちの夫については意図的に記述を避けてきた。A子の夫は、妻が、子どもを殺してしまうかもしれないと悩んでいるのに、「考えすぎだよ」などと言うだけで仕事にでかけて毎日遅くまで帰ってこなかった。ユミコの夫は妻が妊娠したことを知りながら、家財道具を売り払って蒸発してしまった。彼が生まれてくる子どもと妊娠中の妻をこのようにして見捨てたことは、誰からも批判される行為だろう。ではA子の夫はどうだろう。仕事熱心で経済的基盤を脅かすわけでもなく、身体的暴力を妻にふるうわけでもない。

無関心という暴力

事件化した虐待の事例においてしばしば見過ごされがちなのが、奇妙なまでに無関心な父親の存在である。数年前に関西で起きた事件では、二歳半の子どもが死後二日目に発見された。対人恐怖で外出できない母によるネグレクトが原因だったが、会社員の夫は出張中で不在だった。夫は妻が子どもの食事を作っていないことに気づかなかったのだろうか。それほど広くもないマンションなのに、仕事熱心で帰宅後は風呂に入り眠るだけの夫と、外界に怯えながら食事作りもままならない母親とやせ衰えた子どもが同居している。

虐待ばかりではない、息子の暴力や引きこもりの家族でも似たような日常が繰り返されている。三二歳の息子が居間で母親を殴っている。「助けて」と叫ぶ声は近所にも聞こえている。ところが隣の寝室では定年退職した六五歳の父親が高いびきをかいて眠っている。翌朝になると彼はテニスのラケットを持って鼻歌まじりに市民グラウンドに出かけていく。これは六〇歳の妻がカウンセリングで語った話である。妻を殴るわけではないが、七歳の娘にだけ話しかけ、すぐとなりにいる妻を四年間も視野に入れず会話を閉ざしたままの夫もいる。人間扱いされていないと感じたことから軽いうつ状態になった妻は、別居をしたいと考えるようになった。

彼ら父親にとって家庭で繰り広げられる現実は、仕事に比べたら人生のほんの一部分にしか過ぎないだろう。彼らの自信を根底で支えているのは、自分が家計費を稼いでいる事実と家長であるという意識だ。だから、自ら関与しなくても思い通りになる家族こそが彼らの理想なのだろう。では、思い通りにならない現実が発生したらどうするのだろう。妻が育児不安を訴える、子どもが不登校になる、妻が自分の指示どおりに掃除をしない……。そこから暴力が生まれる。DVは「思い通りにならない妻」に対してふるわれ、子どもを思い通りにするために虐待が行われる。

身体的暴力に比べると一見穏やかにみえる無視も、実は暴力である。目の前にある現実を否認することは、その現実を構成している人を否定することである。目の前に妻がいるのに、話を聞かず視線すら向けないことで、夫は妻という人間を否定し、抹殺することができる。無関心は無視よりも自覚がないぶん、もっと残酷である。カウンセリングの場で、仕事以外には全く関心を示さない父親（夫）について妻からの嘆きを聞くたびに、私は、無関心も精神的暴力であることを彼女たちにははっきりと伝えるようにしている。

傍観者も加害者

無視・無関心という意識的・無意識的忌避に比べると、傍観者である夫は現実を見ているだけましに思える。見ることで明らかに彼らは関与しているからだ。傍観者の位置づけについてはいじめを参考にしてみよう。いじめは、いじめる側（加害者）、いじめられる側（被害者）と傍観者の三つから成立する。一九九四年に愛知県の中学生がいじめによって自殺した事件が発生して以来、いじめに関する研究が進み、傍観者もいじめを止めなかったことで加害者なのだと考えられるようになった。傍観者を加害者と位置づけることは、虐待においても同様である。児童相談所への通報が義務化されたのは、通報しないことは虐待を看過したことを意味すると考えられるようになったからだ。同様に父親が傍観者でいることは、母から子どもへの虐待に加担していることを意味する。いっぽうの親が虐待を行えば、もういっぽうの親も加害者になるのだ。なぜなら子どもに対しては、父も母も等しく保護義務を負っているからだ。児童虐待防止法に明言されたこの原則を再度強調したい。

「悪い夫はよき父親になれない」

子どもの命が左右される虐待においては傍観者＝加害者という見方が納得されるだろうが、その他の問題においてはいまだに父親＝傍観者＝部外者という見方が許されている。それどころか、母親の育て方が悪かったために子どもに問題が起きた、父親はその被害者であるといった意見すらきかれる。カウンセリングにやってくる母親と父親の比率が四対一であることからも、父親が子どもの問題に対して傍観者（もしくは無関心）でいることが窺われる。もちろん中には暴言を吐き、妻の意見をことごとく否定し、妨害する夫もいる。そして最後には「やりたいなら勝手にやれ、俺は協力しない、ぜんぶお前の責任だからな」と妻を脅迫する。子どもから「お母さんの育て方が悪かった」と責められ、夫からも脅迫される女性たちは、孤立無援どころか四面楚歌である。追い詰められた母は、結局子どもを何とかしようとさらに追い詰めることになる。

週刊誌で、積極的に育児にかかわる男性のエッセイを読むたびにかすかな違和感を覚える。妙にはしゃいだ文章は育児の楽しみを誇示しているかのようだ。でも、どうがんばっても、父の育児時間はその長さにおいて母にはおよばないだろう。オムツを交換することもいいが、傍らで妻を精神的に支えることが育児に対する何よりの協力なのだ。妻の不安に耳を傾け、力づけ、協力することで、妻の孤立感は解消されるだろう。その結果として虐待の危機が低下することで、その男性は父としての責任を果たしたことになる。では前述のA子の夫が家事を手伝っていれば、よき夫なのだろうか。しかしA子にしてみれば、自分の不安や焦燥感に対して無関心な夫はなまじ皿洗いを手伝ってくれるぶんだけ、精神的孤立感を訴えることもためらわれるだろう。そして、自分がわがままなのだと自分を責めることになるだろう。では彼は一歳半のノゾミのよき父親なのだろうか。

「悪い夫はよき父にはなれない」、これは先日カナダのオンタリオ州に調査研究のために訪れた際に、行く先々で虐待やDVにかかわる専門家から聞かされたことばだ。日本にもそのことばをあてはめるならば、やはりA子の夫はノゾミのよき父親ではないだろう。なぜなら、A子にとって一番苦しい育児の不安に対して何の共感も助けも与えていないからだ。よき母になるためのハウツー本は溢れているが、よき父になるための指針を示す本は乏しい。育児する妻を精神的に支える夫であること、これがよき父になるためのハードルであるとすれば、多くの父親たちにとってこのハードルは高いか低いか、いったいどちらなのだろう。

暴力に満ちた家庭に育つ子ども

前節までは虐待する母親に焦点を当ててきた。しかし現実には多くの虐待による死亡事件の加害者は父親である。その父親は時として母親に対しても暴力をふるっている。このような家族内での暴力がどのようにつながっているのかを示してみたい。そのために実際に起きた某県の事件を素材として、マサルという四歳の少年をめぐるさまざまな暴力を再構成してみる。

のどかな田園風景のなかで

稲刈りも終わった田んぼからは、刈り取られた稲のにおいが漂ってくる。夕陽を浴びた一軒の農家はのどかな田園風景に溶け込んでいるようだ。祖父母、両親とマサル（四歳）と姉（七歳）の六人家族がそこに暮らしている。祖父母は離れに住むが、食事も風呂もいっしょだ。若いころから酒を飲んでいた八二歳の祖父は、四年前に脳梗塞で倒れて以来左半身に軽い麻痺が残っている。それでも毎日畑での農作業は欠かさず、酒の量も減ってはいない。七八歳の祖母に対する蹴ったり髪をつかむといった身体的暴力は減ったが、しゃべり方が気に入らないと利き手の右手で茶碗を投げつけたりする。声の大きさは相変わらずで、使用人に対するように祖母に命令し「ごくつぶし！」とののしる。祖母は「死ぬまで治らん」が口癖で、息子夫婦や時には孫にまで祖父の悪口を言った。「あんときに死ぬかと思ったのに」と、四年前の脳梗塞による発作から祖父が生還したことを心底残念がっている。

祖母は祖父の前ではひたすら従順な態度をとり、自分に都合の悪いことはすべて嫁か孫のせいにして自分を守った。そして「マサルは言うこと聞かん」「母親が根性悪けりゃ子どもも悪うなるわ」と息子の前では嫁と孫の悪口を言った。またマサルに対しては、「誰に似てもろくな男にゃならんわ」と口癖のように言い聞かせるのだった。

まんじゅうを盗んだのは誰だ

マサルの母は保育士だ。仕事に就いているお陰で、昼間だけは舅《しゅうと》の激しい暴言や暴力を見ずにすみ、姑《しゅうとめ》の愚痴を聞かずにすんだ。彼女の収入は一家の貴重な現金収入であり、姑も面と向かってはマサルの母を非難しなかった。マサルの父は祖父と同じく毎晩飲酒を欠かさない。就職しても長続きせず、単発で土木作業に従事しながら暇さえあればパチンコにでかけていた。請求書が届いたことでサラ金に数百万の借金があることが発覚し、祖父は激怒し、足をひきずりながら泥酔した息子を竹刀で殴った。怒号が飛びかい、マサルの父は反撃するため台所から包丁を持ち出そうとしたが、祖母がすでに片付けてしまっていたので傷害事件になることはまぬがれた。マサルの母はその事態を見て、結婚前から貯めていた金で夫の借金を支払った。

その一件以来、マサルの父は妻に対して卑屈になり、酔うと「どうせあんたは偉いからな」「別の男でもつくったのか」などとからみ、返答しだいでは妻を蹴ったり、翌日着ていくつもりで出していた服をはさみでずたずたに切り刻んだりした。妻がセックスを拒もうものなら、「俺をばかにしてるんか、浮気しても文句言えんぞ」とののしりながら寝室の壁に穴を開けた。同じ部屋で寝ているマサルは、父の暴力を止めようとすれば母への攻撃がもっと激しくなるのをわかっていたので、耳が痛くなるほど指で栓をして必死で寝たふりをした。姉はよくマサルのめんどうを見たが、周囲の目がなくなるとマサルのおやつを奪ったり川にわざと落としたりした。親に泣いて訴えても「男のくせに泣くんじゃない」と叱られるだけだった。いつも喧嘩をしているのに、その時はなぜか両親の意見は一致していた。

ある日の夕方、仏壇に供えたまんじゅうがなくなっていた。酒好きだが甘党でもある祖父は、楽しみにしていたまんじゅうがなくなったことに激怒して犯人を捜した。祖母も父も、そして姉も、知らないと主張した。母は仕事でまだ帰宅していない。犯人にされたのは、最後に残された四歳のマサルだった。

懸命に否定しても、全員が「嘘をつくと地獄に行くぞ」と脅す。マサルはひたすら泣いた。そして恐怖のあまりおしっこをもらした。それを見た祖父は「根性を叩きなおしてやるさ」と叫び、長いひもを納屋から持ち出した。利くほうの右手を使い、祖母に指示して手伝わせながら、泣き叫ぶマサルをひもで縛り上げ、罰として庭の柿の木に吊るした。薄暗くなった庭を眺めながら父は何も言わずに玄関を閉め、テレビをつけ、ビールを飲んだ。三時間後に帰宅した母親が発見したのは、ぐったりとした息子だった。驚いてあわててひもを解き、柿の木から下ろしたが、マサルはすでに死んでいた。

DVは夫婦喧嘩ではない

子どもの虐待はしばしば母と子の関係に特化して語られるが、母子関係は家族という集団における一つの関係に過ぎない。もう一つの重大な暴力であるDVが、子どもに与える影響力の大きさを私は強調したい。

マサルの家族ではいったい何種類の暴力がふるわれていたのだろう。祖父から祖母へのDV、父から母へのDV、そして祖父と祖母から孫へのことばの虐待……。これらは一本のひものようにつながっており、別々に分割してとらえることはできない。しかし一般的には、DV、虐待、老人虐待、家庭内暴力（子から親への暴力）などとそれぞれ別の名で呼ばれ、所轄する官庁も異なっているのが現実である。

中でも児童虐待（厚生労働省）とDV（内閣府）の分断は、現場の援助者にとって大きな障害になっている。マスコミにおける子どもの虐待死亡事件のあつかいの大きさに比べると、DVということばはそれほど登場しない。多くは夫婦の「喧嘩」「いさかい」と表現され、愛憎の果ての殺人としてくくられてしまう。喧嘩は対等な二者において行われるものであり、両者が納得して関係が修復される相互的なプロセスを表す。左手が不自由になってからも祖父は祖母に対して執拗な暴言・暴力を繰り返しており、祖母は怯えと恐怖から、ひたすら服従していた。そんな関係を「夫婦喧嘩」と表現できるとは思わない。しかし、DVは被害者が成人であり、自分で逃げ出すことができると考えられているために、児童虐待と異なり被害者にも責任があると考えられがちなのだ。それが両者への対応の温度差を生んでいる。

DVにさらされることによる影響

長年にわたる祖父から祖母へのDVを、マサルの父はずっと目撃して育った。そして彼は、祖父と同じように妻に対してDVをふるうようになった。マサルも、父から母へのDVにさらされながら、寝室で耳をふさいで眠りにつく。父はマサルが自分と同じ経験をしていることに想像が及ばないのだろうか。酒に酔って、子どものことなど眼中にないのかもしれない。マサルは父だけでなく、祖父のDVも目撃している。幼い子どもの目に父が母を殴る光景はどのように映るのだろう。親の存在によって支えられた世界は、その瞬間に真二つに割れ、音を立てて崩れる。その記憶は成人になってからも鮮明に残るのだ。

幼児期の子どもたちは「僕（私）が悪い子だから」と自分を責めて、自分を否定することで衝撃的な経験を自ら納得させる。そうするしか、起きている事態を子どもなりに説明し整合性をもたせることはできないからだ。父の暴力と自分の境界を厚くして、自分には関係ない世界なのだと分化させて認知するほどの自我はまだ形成されてはいないからだ。この自責感、自己否定感は親から直接身体的虐待を受けるのと大差がない。むしろ「母親を救えなかっただめな自分」という否定感がそこに付加されているぶんだけいっそう深刻かもしれない。

これらの理由から、DVを目撃させることは虐待であると言い切ることができる。マサルの死に至るまでに、DVと虐待、そしてそれを目撃させることによる虐待などが同時多発的に起こっている。家族において一種類の暴力だけがふるわれていることはまずありえないといっていい。一つの暴力が浮上したら、援助者は背後にある他の暴力にまで目を凝らす必要があるのだ。

児童虐待防止法とDV防止法の接合

二〇〇五年の児童虐待防止法の改正はこの点を盛り込んでいる。児童虐待を定義した同法の第二条の四にはこう記されている。

――児童に対する著しい暴言又は著しく拒絶的な対応、児童が同居する家庭における配偶者に対する暴力（配偶者〈婚姻の届出をしていないが、事実上婚姻関係と同様の事情にある者を含む〉の身体に対する不法な攻撃であって生命又は身体に危害を及ぼすもの及びこれに準ずる心身に有害な影響を及ぼす言動をいう）その他の児童に著しい心理的外傷を与える言動を行うこと。――

このように「父が母にＤＶをふるうことが子どもに対する虐待である」と認められることで、やっとＤＶと虐待は接合されたのだ。

日本の家族史において、二〇〇〇年、二〇〇一年と続いた児童虐待防止法とＤＶ防止法の二法の制定は画期的な意味をもつだろう。家族内暴力の存在を国家が正式に認めたことを意味するからだ。道路交通法は車が安全な乗物で運転者が事故を起こすことがなければ必要ないように、家庭が安全であり「本能的」に愛情豊かに営まれるのであれば、この二法は必要ない。親は子どもを虐待して終生取り返しのつかない影響を与えてしまう可能性があり、夫は妻に暴力をふるって心身に甚大な傷害を与えてしまう可能性があると認められたからこそ、この二法は制定されたのだ。

本書で挙げる事例はいずれも暗く救いがないように思えるかもしれない。しかしそれが疑いようもない日本の家族の姿なのだ。防止法がなければ子どもや女性の命が奪われてしまう現実を知らないことには、それを防ぐことすらできない。いたずらに美しい家族、温かい家族を称揚することの意味がどこにあるのだろう。しかし私は家族を否定しているわけではない。いや、むしろ家族をどのようにして支えるかということに腐心しているのだ。なぜなら、カウンセリングは、家族の中でもっとも弱い存在である子ども、そして女性が安心して暮らせるための、具体的で現実に役立つための実践なのだから。

映画「サラバンド」から

最後の作品

バッハの無伴奏チェロ曲を題名とするこの映画は、イングマール・ベルイマンの最後の監督作品になった。そのことだけでも、映画好きの人間なら映画館に足を運ぶに十分の理由がある。本作品のうたい文句には〝映画「ある結婚の風景」の三〇年後を描いた〟とある。私は突然、テレビで見たことのある長い映画「ある結婚の風景」(以後「風景」と略)を思い出した。二〇年以上前のことだ。ディテールはすでに忘れたが、北欧の薄い光と暖炉の火、そして延々と繰り広げられる二人の男女のかみ合わない会話だけが記憶の底から浮かび上がる。もとは全六話から成るテレビドラマとして製作され、一九七四年に同名の映画に編集されたものだ。日本では一九八一年に公開されたが、当時主婦の自立が話題になっていたため、夫との関係や結婚そのものに疑問をかかえていた女性たちは、夫婦の孤独をリアルに描いた作品としてこの映画を歓迎したのだ。

モノクロに固執していたベルイマンしか記憶にない私は、映画が始まると同時にデジタルハイビジョン（ＨＤ）の画面の鮮明さに違和感を覚えた。かつてのモノクロ作品に見られる形而上的で幻想的な趣きは失われており、クリアカットな画面はどこか平板で日常的なにおいが漂ってくる。ところが時間が経つにつれて、徐々に見るものに迫ってくるものがある。「風景」と同じ俳優が演じる離婚した夫婦（八六歳のヨハンと六三歳のマリアン）の顔は大きくアップして映され、しわ、たるみのすべてが容赦なく画面にさらされる。過ぎ去った三〇年の歳月の重さと残酷さを、何よりも雄弁に語るのがＨＤなのである。ヨハンはベルイマン監督そのものであることは言うまでもないだろう。

息子への憎悪

ヨハンの先妻との息子ヘンリック（六一歳）は妻に先立たれ、チェロの才能豊かな一九歳の一人娘カーリンを偏愛しつつ、経済的には父に依存しながら生きている。へンリックと娘の描き方は明らかに近親姦を想起させる。「ああ、危ない」と何度も手に汗を握るような場面が続く。ネグリジェ姿の娘を父が追いかける場面があり、父と娘が同じ部屋で寝ながら語る場面がある。よく見るとシングルベッドを二つ並べてあるのだが、ダブルベッドで父娘が寝ているようにしか見えない。チェロを弾くカーリンを見つめる父の目はぎらぎらと輝いたかと思うと、突如自分を捨てて出て行かないでくれという哀願の色で満たされる。

実はカーリンという名はベルイマンにとって特別な意味をもっている。彼の父は牧師でありながら、ベルイマンを激しく鞭打つという身体的虐待を加え続けた。血を流し痛みに耐えて、それでも神への感謝を要求される生活を送りながら、ベルイマンは幼少期からいくつかの精神的症状を呈した。唯一の救いが母だった。彼が四六歳のとき、父がガンであることを告げられ、見舞いに来るよう求められたが、父を許せない彼はそれを拒否した。そのショックで母は次の週に亡くなってしまう。その母の名がカーリンだったのだ。

ベルイマンは最も愛着を感じる登場人物に対して繰り返しカーリンと名づけている。本作でも、かつての妻マリアンと対比されたカーリンは、みずみずしく伸びやかだ。

その肌は汗ばみ、タンクトップをとおして乳首の突起が浮かび上がり、うぶ毛は冬の光を受けてときおり輝く。ＨＤのカメラを通したベルイマンの視線はカーリンを欲望しているかのようだ。

一方、ヨハンが自室に写真まで飾るほど愛着を示しているのが二年前に亡くなったヘンリックの妻（カーリンの母）アンナだ。息子の妻と孫という二人の美しい女性への限りない愛着と理想化と対比して描かれるのが、息子ヘンリックへの激しい憎悪である。ベルイマンの自己同一化の対象はヨハンであるが、ベルイマン自身の負の自己像を投影して、ヨハンの分身として描かれるのがヘンリックである。

金の無心のために遺産の前借にやってきた息子に対して、ヨハンは「お前など存在しない」と否定し、侮辱する。ヘンリックが一八歳のときに自分との和解を拒否したことをずっと根に持っているのだ。憎々しげな表情で死ぬまで憎み続けることを宣言するヨハンと、義母マリアンに「あいつが死んだらなんてうれしいだろう」と告げるヘンリック。父と子のいずれもがベルイマンの自己の投影なのだが、苛烈なまでの父と子の葛藤はそのまま八〇歳を過ぎたベルイマンの生々しい葛藤そのものである。ヨハンは徹底的に息子を追い込む。カーリンを息子から引き離し、嫁の写真を自室に飾り「お前が殺したようなものだ」と言い放つことで息子を打ちのめし、勝利を収める。そしてヘンリックは首を切り、自死を図るのだ。一命をとりとめたことを知ったヨハンは、「バカが」と、吐き捨てるように言う。

ヨハンの選択

ヨハンはベートーベンを聞き、キルケゴールやフロイトを読みふけるインテリであり、森の奥の別荘で暮らせるほどの財産もある。いっぽうで彼は、誰にもこころを許さず、息子を憎み続け、自己中心的に生きてきた一人の老人でもある。別れた妻マリアンが訪れたにもかかわらず、穏やかに語り合うどころか、いっそう激しくなった息子への憎悪を隠そうともしない。そんな彼の心象風景はどのようなものなのか。印象的な場面がある。真夜中にヨハンはパジャマ姿で廊下をさまよっている。何かに怯え、ことばにならない地を這うようなうめき声を上げながら、懊悩してよろめいている。目の前のマリアンの寝室のドアをノックしようかどうか、行きつ戻りつして迷う。

その後がおそらく本作品の山場になる。思い切ってノックし寝室に入ったヨハンを、マリアンは招く。全裸になったヨハンはマリアンのベッドにもぐりこむ。日本の映画ならは老いた妻は夫を抱きしめるだろう。夫婦の絆を確かめ合うという黙契が観客との間に成立しているかのように。しかし観客の期待は裏切られる。ヨハンが悪夢についてひとしきり語った後、こんな会話が交わされる。「なぜ突然やってきた?」「あなたが呼んでると」「呼んでなんかいないよ」「ふとそう思ったの」、そして最後は二人が離れたまま「おやすみ」と言って画面は暗転するのだ。ベルイマンはこの場面でヨハンを救わなかった。マリアンのぬくもりを得ることを禁じたのである。それを選んだのはヨハン、つまり監督自身なのだ。

マリアンの役割は何か

三〇年ぶりに元夫であるヨハンを訪れることを決意した弁護士マリアンを、ベルイマンはどのように描いたか。「風景」におけるマリアンは懊悩し、激しく絶望しながらも夫とのつながりを求めていた。ところが本作でのマリアンは打って変わって静けさを見せている。ひたいや首すじに刻まれたしわは老いの証であるが、そこからは落ち着きがにじみ出ている。ヨハンのような葛藤はそこにはない。彼女は、孫と嫁をめぐる息子との闘争に圧勝するヨハンの怪物じみた姿の傍らに立っている。責めもせず、驚きもせず、時に祈り、あきらめたような笑いを浮かべて、森からとってきたきのこの料理の下ごしらえをする。それは積み重ねた人生経験や加齢によるものだろうか。ヨハンとマリアンをとおして、男性の老いと女性の老いを象徴的に対比させたのだろうか。ベルイマンはそんな安易な描き方をしてはいないはずだ。マリアンは本作に語り部として登場しているように思える。冒頭とラストシーンで、観客に向かってマリアンは語りかけている。そして能のワキのように、時には黒子のように、ドラマの展開の傍らにたたずみ続け、みつめ続ける。深夜、徘徊して悪夢に恐れおののくヨハンの体をベッドの横に招き入れるが、そこでも存在のしかたは同じである。八〇歳を過ぎたヨハンの荒々しい姿に比べると六三歳のマリアンはあまりに静かだ。

「証言者」としてのマリアン

最後の作品となった本作で、ベルイマンは自分でも手に負えないものとして、どこか突き放し呆れながら自分を描いている。息子ヘンリックに仮託された根深い自己否定感と、それを背負いながら死を迎えるしかないという恐怖が、画面からひたひたと伝わってくる。ベルイマンはこれまでの映画作品において、常に女性の織り成す世界、女性の多様な姿を描き続けてきた。「女ともだちのほうが気楽」と語っていた彼だが、本作ではヨハンの描写を見るかぎり、女性による救済を断念したかにみえる。ベルイマンが望んだものはただ一つ、こんな自分の「地獄のような孤独」を傍らでみつめてくれる存在である。そのためにはマリアンの登場が必要だった。みつめるだけではない。ヨハン（ベルイマン）という男性がのたうち回りうめきながら、「地獄のような孤独」を生きたことを、マリアンが他者にむかってそのように「証言」してくれることを望んだのだ。彼女の存在にほとんどリアリティがないのは、彼女は生きた存在としてではなく、見つめ続けて証言してくれる存在として位置づけられていたからだろう。ベルイマンは世界中の観客に向かって「自分は絶望的孤独を逃避することなく生きた」ことを、マリアンの口を借りて証言させたのである。

虐待する父、虐待される息子

ヨハンの晩年の姿を証言する存在としてマリアンを造形したのはなぜだろう。いくら憎しみあっていようと、息子ヘンリックを証言者にすることもできただろう。俗な表現を用いるなら、ベルイマンから女性に向けられた少年のような「わがまま」「自己中心性」をそこに読み取ることができる。晩年を迎え、あまり露骨に女性に救済を求めることなどできないという彼の矜持が、マリアンを「証言者」にとどめたという推測である。いっぽう別の解釈も可能だ。元妻の証言であるこの映画の公開によって、全世界の女性観客がベルイマンの「地獄のような孤独」を深く脳裏に刻むことを何より望んだのだと。とすればなんと尊大な要求なのだろう。

おそらく彼は、自分の作品が同性である男性から理解されることを期待してはいない。本作も男性同士の交流のかけらもなく、ひたすら女性の登場人物に囲まれたヨハンが描かれている。このような彼の男性嫌悪の原点に、牧師である父からの苛烈な虐待があることはいうまでもないだろう。鞭による体罰は、血を流すほどであり、しかも最後は許しを乞い、父の手に接吻しなければならなかった。小学校時代は頻尿による失禁がしばしばあり、そのたびに罰として父から一日中赤いスカートをはくことを強いられたという。ベルイマンだけでなく、鞭による虐待は兄に対しても行われた。そんな父への反発から一九歳から四年間家出をしたこともあったらしい。

ベルイマンの神への懐疑は、他の映画でも繰り返される大きなテーマだが、牧師である父への憎しみがその根底に横たわっていることもまたいうまでもない。本作におけるヨハンの「地獄のような孤独」は、彼が神による救済をどこかで拒絶していることにも起因している。本作では父からの息子への虐待はヨハンとヘンリックの関係として描かれている。父は息子を自殺に追い込むほど苛烈であり、息子から父への激しい憎悪は、娘と妻に対するいびつなほどの父からの執着に対する怒りと同義である。教会でオルガンを弾いた後で息子が自殺を図るという設定にも、ベルイマンの神への姿勢がうかがわれる。

男性であることの哀しみと女性への羨望

父からの虐待経験は、神への疑いと同時にベルイマンのセクシュアリティに対する認知に影響を与えている。ヨハンの辟易させるような頑固な姿勢、ヘンリックのぶざまで狡猾な姿をとおして、これでもかこれでもかと描かれる男性の醜さは、彼自身および男性そのものに対する不信と嫌悪を示すものであろう。全否定されるべき父に対して、いっぽうで母への過剰な美化が行われることはベルイマンの作品では珍しくない。母に対する幼少時からの憧憬と、中年期になり母を死に追いやったのは自分ではないかという罪悪感は、多くの女性に対する賛美とあくなき恋愛関係となって展開された。

男のセクシュアリティへの根深い嫌悪は、女性に対する賛美と同時に「女性になりたい」という願望にもつながりはしないだろうか。ベルイマンにそのような欲望がなかったとは思えない。神に祈る静かなマリアンとのたうち回るヨハンの対比をとおして、女性になりたいと思ってもなることのできない彼の女性に対する嫉妬をみるのは、余りに深読みしすぎだろうか。カーリンの姿の描写は、欲望の対象というよりも同一化したいという欲求のあらわれと見ることもできる。

苛烈な虐待を受け、自分のセクシュアリティを否定し神の存在をも疑いながら、ベルイマンが生き延びる（サバイバル）ためには、女性の存在が不可欠であった。女性と同一化したいという不可能な願望は、あくなき女性との恋愛関係と、そのいっぽうで女性に対する羨望と嫉妬を生んだ。それらすべてを包み隠さず、ベルイマンは女性に証言させることで観客にさらけ出したのだ。ラストシーンでマリアンはカメラを見据えながら穏やかに語る。「……それきりよ、私は元通りの生活よ、問題ないわ、すべて順調。少しだけ寂しいけど……」バッハの音楽特有の低い音程を繰り返すサラバンドの調べとともに、北欧の冷気を漂わせながら映画は終わる。

アダルト・チルドレン 1

アルコール依存症とアダルト・チルドレン

もうずいぶん前のことだが、一九九六年に、アダルト・チルドレン（AC）ということばが朝日新聞で流行語の一つに選ばれた。

私はACを「現在の自分の生きづらさが親との関係に起因すると認めた人」と定義している。もともとは、アメリカのアルコール依存症治療にかかわる人たちから生まれたことばで、Adult Children of Alcoholics がその語源であり、アルコール依存症の親のもとで育った人たちのことを指していた。酒に酔った父親はしばしば妻にDVをふるい、子どもを虐待する。娘への性的虐待もそれほど珍しくはない。アルコール依存症というと「毎日酒を飲まずにはいられない人」「酒が原因で仕事を失った人」「朝から飲んで手が震える人」といった固定イメージをもたれているが、もっとありふれていて、日常的光景に溶け込んでいるのが実態である。

「周囲の誰かが困っているにもかかわらず、習慣的な飲酒がやめられない人」というのが、アルコール依存症の一番簡単な説明だ。周囲の家族・友人が傷つけられて困り果てているのに、本人は「いい酒」と思っている。こんなはた迷惑な構図は、アルコールに限らずあらゆる依存症の基本となっている。おまけに彼らは酔った頭で「俺が働いた金で酒を飲んで何が悪い」と思い、暴言や暴力を浴びせながら、しばしば記憶を失ってしまう（ブラックアウト）。日常的に繰り返されるそんなできごとの蓄積が、妻に対して、そして子どもに対してどれほど大きい影響を与えるかを指摘したのがACだった。

日本で流行語になった背景には、Alcoholics のかわりに Disfunctional Family（機能不全家族）をあてたことも大きかった。これによってACの範囲が一気に拡大したのだ。外見はふつうの家族だが、目に見えない家族内の抑圧・軋轢《あつれき》を感じていた人たちは多かっただろう。そこにぴったりはまったのが機能不全という言葉だった。「そうか、自分の家族は機能不全だったのだ」と彼らは納得し、ACだと自覚したのだ。

親子の役割逆転

酔って大きな子どもと化した父親、父親からの暴言や暴力に振り回され、子どものケアどころではない母親。そんな両親の間で子どもは嘘と裏切りと暴力、そして恐怖に満ちたなかに育つ。しかし家族はたった一つだ。よその家族に移住することは許されない。子どもたちにとって家族とは生き抜くしかない場所、いってみれば収容所のようなものである。さてどうやってそこからサバイバルをすればいいのだろう。

その一つは、幼少時からチックや小児喘息といった病気の症状を呈して、父親よりもっと困った子どもになるという道である。もう一つは、小学校の高学年あたりから非行集団に加わり、実質的に家を捨てる道である。前者を病気、後者を非行とするなら、いずれも社会不適応であることに違いはない。

ところが第三の道がある。これは駱駝《らくだ》が針の穴を通るような狭い道にみえるが、実はアルコール依存症の家族のなかに育つ子どもの多くはこの道をたどるということが注目をあつめ、一九八〇年代半ばにアメリカでACということばが広がるきっかけになった(『私は親のようにならない』C・ブラック著、斎藤学監訳、誠信書房、一九八九)。ひとことでいえば、親の機能を果たさない両親を子どもが支えるという役割逆転によって、家族に適応していくという道である。ブラックはその役割のパターンを①責任者、②調整役、③順応者と分類している。

母親の相談にのる、愚痴の聞き手になる、父の介抱をし、母との間を取り持って、きりきり舞いをしながらも弟妹のめんどうをみる、学業に秀でることで一家の希望の星になる……その子たちは親からはもちろん、先生や近所の人からも、しっかり者のいい子と評価されながら育つ。経済的に支えるのではなく、情緒的・心理的に子が親を支えるという点が強調されるべきだろう。つまり親の期待をいち早く実現することによって、子どもは親の情緒を安定させる。親は子どもに依存しているのだが、その自覚はない。それが当たり前だと思っているからだ。子どもは自己の欲望より親の欲望を読み取ること、そしてそれを満たすことを優先する。これは、自我意識が形成される以前に習慣化されるので、当たり前のことになっている。思春期を過ぎて「生きづらさ」「対人関係の行き詰り」を感じたとしても、親の欲望こそまず満たされなければならないという命題は血肉化していて意識に上ることすらない。その問題点が浮上するのは成人後になる。

「思い返せば、ずっと親の期待を満たすためだけに生きてきた。対人関係でも絶えず周囲の期待に添うことばかりを優先させてしまう。自分の欲望、意志を自覚することに大きな罪悪感がある」。これはＡＣの人たちのカウンセリングで繰り返される発言の、ほんの一部である。家族を支えるために身に着けたサバイバルスキルが、皮肉にも成人後の不適応を生み出してしまうというパラドックスが、そこにはみられる。ただただ必死に生きてきたことは、責められるどころかむしろ敢闘賞ものなのに。では、それはいったい誰の責任に帰せられるべきなのだろうか。

免責性と過剰な自己責任

ＡＣに対しては、当時からさまざまな評価や批判が与えられてきた。私も『「アダルト・チルドレン」完全理解――一人ひとり楽にいこう』（三五館、一九九六年）を出版したときに多くの批判を受けたが、批判者の論点のほとんどが「他人《ひと》のせいにするな」「親のせいにするな」という点に絞られていた。上記の本のオビには大きな字で、「あなたが悪いわけではない」というキャッチコピーが躍っているが、ＡＣが流行語になるずっと前から、ＡＣの人たちにとってその一言がどれだけ必要とされているかを、私は肌で感じてきた。

被虐待児への対処で最初に必要とされることばが、「あなたが悪いわけじゃない」である。幼児と同じことばが、なぜACの人たちに対して必要なのだろう。その秘密は、幼児的万能感が形成する世界観にある。三歳から六歳までの幼児期には、子どもたちはあらゆるものの中心に自分がいるという天動説的世界を生きる。せみが鳴くのも、太陽が東の山から上るのも、自分が動かしているとすら考える。快と喜びの経験は「自分がいい子だから」という因果による意味を形成し、そのことにより世界は秩序立ってくる。そこから「よい自分」「生きていい自分」の核がつくられていく。

いっぽう目の前で、父が母を殴り、母が泣き叫ぶ場面に遭遇すると、子どもの足元の世界は真二つに割れ、破壊されるだろう。両親が繰り広げる修羅場は、どうしていいかわからないカオスの世界である。混乱の中で子どもは、「自分が悪い子だからこんなことが起きる」と思う。自分を否定する残酷な因果律だが、それによって世界は説明可能となり、秩序を回復する。「自分が悪い子だから」と考えれば、説明不可能な世界など存在しなくなる。

幼児期に刻印された自己認知は、父と母の関係が突然平和で穏やかなものに変貌しない限り、そのまま維持されるだろう。言い換えれば、ACの人たちは、「自分のせいだ」と考えることでしか世界を秩序立てられなかったのだ。一種のサバイバルスキルとしての否定的自己認知は、いっぽうで意識の底流に「生きている価値などあるのだろうか」「この世の空気を吸っていてもいいのだろうか」という問いを胚胎させる。生き延びるためのスキルが自分を否定するというパラドックスが、ACの人たちの生きづらさを形作っている。この自己否定は、過剰な罪悪感・責任感につながることはいうまでもない。ACの人たちがどれほど親を支え、責任を感じてきたかについては今は触れないが、親はそのことにほとんど無自覚だ。

「他人《ひと》のせいにするな」という批判はたしかに一理あるが、ACというアイデンティティを受け入れるまでに背負いすぎた責任の重さを思えば、まずは免責性の承認が必要なのだと思う。生まれて初めて「あなたに責任はない」と免責されることが、まるで干天の慈雨のように感じられるのだ。これまでの人生で他者から一度も言われたことのないことばによって、ACの人たちはいったん過剰な荷を下ろすことができる。その瞬間を「世界が違って見えた」「謎が解けた」などと表現する人がいるのは、自己責任をめぐる劇的なパラダイム転換が起きるからなのだろう。この転換点を経ることで、はじめて「適正な」自己責任がみえてくるのだ。

被害者としてのAC、加害者である親

自分に責任はない、という免責性は、これまでと反転した自己認知であり、それはそのまま親に責任があるという「親の加害者性」につながる。「親のせい」でこんなに生きづらいのだから、自分は親の被害者である、ACはこう主張している。おそらくAC批判のもう一つのポイントは「親の加害者性」を含意している点にあったのだろう。被虐待児として子ども時代に親を責めるのではなく、成人後に親を責めることに対して、日本の社会はそれをまったく容認してこなかった。親を許すことが成熟の証とすら考えられてきたのだ。ACの主張は、日本の家族のタブーに対する挑戦だった。

被害者の視点で加害者としての親を語ることは、しかしそれほど簡単なことではない。中年になるまでは、「親だって何らかの理由があったのだろう」「私のために親はあんなことをしたんだ」と親をかばいつつ、親の立場に立って自分を責めてきたのだ。その人たちが、一転して子どもの立場から、被害者としての経験を語ってしまうと、あとには強烈な自己嫌悪や罪悪感にさいなまれる事態におちいることは珍しくない。

根深くすみついていた長年の認知が変わるときには副作用が生まれるのだ。

憎しみや怒り、恨みといった親に対する感情は、すべて肯定されなければならない。中年になっても忘れられない親の言動に対して、親の謝罪を求めたい気持ちは当然のことだ。問題はその表出の方法である。親が存命だからといって、親に向かってそれを投げつけることは単なる復讐にすぎないだろう。多くのクライエントから「親にあやまってほしい」「あやまらせたい」という言葉を聞いたが、私は賛成しなかった。その期待はほぼ裏切られるからだ。親は奇妙なほどACの人たちの記憶している行為を忘却している。「加害者は加害記憶を喪失する」、これは私がACの人たちから得た教訓の一つである。

それどころか、「今頃何を言ってるのか」「いつまで甘えたことを言ってるんだ」と逆ギレされて傷つけられたりする。親は愛情からやった行為だと思っており、加害者としての自覚などないからだ。世間の常識もいわゆる美しい家族像も、すべてが親に与《くみ》している。だから、親が変わるだろうという期待など捨てたほうがいい。私は、そう思っている。

アダルト・チルドレン 2

家族の日

二〇〇六年の六月、当時の小泉首相は「少子化対策会議」において、新しい少子化対策の一環として「家族の日」を制定することを提言した。そこには従来の働き方を見直すために国民的ムーブメントを起こそうという意図が含まれていた。一一月二三日が「いいふぁみりー」と音読できることから、最有力候補だという。必死に検討した努力のあとはしのばれるが、あまり感心できないセンスだ。家族がいっしょにいる時間を増やすために、その日は父も母も仕事を早めに切り上げ、家に帰って子どもといっしょに食卓を囲むように呼びかけるのだそうだ。

たしかに共に食卓を囲む、同じものを食べるといった行為は家族の紐帯《ちゅうたい》を強める重要な要素である。では、その食卓で父親がビールを飲んでいたら、酎ハイを飲んでいたらどうだろう。父は酔って気分がいいかもしれないが、そして母はそんな夫をあきらめているかもしれないが、子どもはどんな気持ちになるだろう。酔っての口論から父が食器を投げたらどうだろう。家族はとにかくいっしょにいればいい、親はただ子どもを抱きしめればいいというものではないだろう。虐待もＤＶも、家族内の暴力は親密だからこそ起きる。いっしょの空気を吸い、同じ食べ物を食べ、時には体を接触させるからこそ起きるのだ。これが市民社会の暴力犯罪と大きく異なる点だ。加害者を犯罪者としてきびしく処罰する厳罰主義だけでは対応しきれないものが残る。虐待された子どもが児童相談所の介入によっていったん親と分離されたとしても、親権停止処分が下されない限り、法的には親子であり続ける。分離された「その後」の親子関係をどう構築していくのかは、まだ手探りの状態だ。そのためのヒントを与えてくれるのがＡＣである。虐待被害を証言してくれる人たちであるＡＣを出発点にして、その後の親子関係を考えてみたい。

親子関係は権力に満ちている

「あなたが悪いわけじゃない」という免責性を他者から承認されることで、ＡＣの人たちは過剰な自己責任からいったん解放される。それはそのまま、責任は親にあると認識することを意味し、ACの人たちは自分を被害者、親を加害者として認知する。一般の犯罪の加害者と異なる点は、親ごころ、良識、愛情といった疑いもない「正義」が、親という立場には付与されていることだ。親は、自らを加害者として認知するどころか、愛情深く正しいしつけをしたのだと思っており、それに子どもが異を唱えることを許さない。「親は子どものことを思っていてつねに正しい」のだから、家庭における「状況の定義権」は親に属している。M・フーコーは「権力とは状況の定義権である」と述べた。ACの人たちはそのような定義権、親の権力に真正面から立ち向かう。「親のいうことを聞け」という全体主義的権力であれ、「お前のためなんだから」という温情主義的な権力であれ、いずれも権力であることに違いはない。ACは親子関係を表現する語彙に「権力」を加えたことになる。

自分と親との関係を被害・加害というパラダイムで、権力関係というフィルターを通してとらえなおすことはそれほど容易ではない。「親のせい」にするのと同じくらい、常識や良識からの激しい反発を招くだろう。正義を付与されている親に対する反逆を意味するからだ。ACと自己認知することは、このように親子観を転換すること、反常識の立場に立つことを意味する。

カウンセラーである私も、親と子のいずれの立場にあなたは立つのか、という立場の表明を厳しく迫られることになる。「親だってそれなりの理由があったはずでしょ」という一見中立にみえる意見は、実は親の依拠する良識そのものであり、親=加害者側に立つことを意味する。私がカウンセリングの場で、徹底して目の前に座っているクライエントの立場に立つことにしているのは、このような理由からである。

被虐待経験の証言者としてのアダルト・チルドレン

私は、三五歳以上の女性を対象としたACのグループ・カウンセリングを、一九九五年から実施している。その年令になってはじめて、親との関係を語り、再考し、整理したいと思う女性が多いからだ。累計すれば数百人のACの女性たちとのかかわりをとおして、私は多くのことを学んだ。

彼女たちは、いわば「被虐待経験の証言者」である。現在各地で起きている子どもの虐待事件をみても、テレビニュースに映る三歳の子どもに、アパートでいったい何が起きていたかという証言を期待することはできない。虐待加害者である親の証言内容は、おそらく子どもの経験とはかけ離れているだろう。ましてその子どもが死んでしまえば、被害を証言する存在はなくなる。アウシュビッツのナチス強制収容所で何が行われていたかが、生き残った人たちの証言によって初めて明らかになったように、閉ざされた家族の中でどんなことが起こっていたかは、ACの人たちによって時を経て初めて語られる。それは、今から二〇年から三〇年以上前の児童虐待のなまなましい証言なのである。

幼い頃からの父や母との記憶をたどることで、生まれて初めて言語化された被虐待経験の数々がグループ・カウンセリングの場に満ちる。「中絶できる時期を逃したから産んだ」と繰り返し言い聞かせる母親、思春期の彼女たちに対して性器を露出し触らせる父親、包丁で自分を刺してくれと頼む兄、日常的に殴る父親……。私はありとあらゆる虐待の種々相を聞いた気がする。親は子どもに対して本当にやりたい放題だ、と何度思ったことだろう。

家族の中の子ども、それも小さな女の子は権力構造の末端に位置するので、絶えず父、母、兄、姉からの支配にさらされることになる。学校からの帰り道だけが、安心できる時間だったという四五歳の女性もいた。彼女たちの親は、テレビで見る虐待する親とはかけ離れている。外見は、社会的に尊敬される立派な職業人の父、教育熱心で手作りのおやつを欠かさないよき母だ。親たちの外見と、自分の経験との落差があまりに大きいので、彼女たちは自分の感じ方がまちがっているような不安におそわれて、自分の感覚のほうをずっと疑ってきた。その親たちは、もっとも弱い立場の、誰よりも自分を信じている（信じるしかない）存在の子どもに対してだけ、人生に対する呪詛や恨みを全開させたのだろうか。負の部分を子どもに向かって放出し吸収させることで、かろうじて日常生活を成り立たせていたのだろうか。

グループ・カウンセリングは一〇回で一クールと区切られている。もちろん何クール参加してもいいのだが、一〇回目に生育歴を語ることが参加者に義務付けられている。その理由は、「私とは『自己物語』（self-narrative）である」、「人は物語によって生きる、あるいは物語を生きる存在である」というナラティヴ・セラピーの考え方に私が深く影響を受けたからだ。それをグループ・カウンセリングに組み込んで、生育歴を発表してもらうことにした。

親の謎解き

生育歴はＡＣである自分の物語を探究し言語化したものであり、それは「当事者研究」そのものである。研究にはテーマが必要であるが、毎回オリジナルなテーマが図表、年表、パワーポイントなどを使って、時には一編の文学のようなバラエティに富んだ物語として語られる。

グループ・カウンセリング開始後しばらくして奇妙に感じたのは、自分の生育歴を語れない人がいたことだ。どうしても親の生育歴になってしまう人が何人もいた。なぜだろうと考え、私は気づいた。「私の親はなぜあのような親だったのか？」というシンプルな問いに対する答えを出さずに、その親から生まれ、育てられた自分の生育歴を語ることはできないのだと。なぜならＡＣの人たちにとっての生育歴は、親との関係そのものなのだ。自分の欲望より親の欲望を優先させることで生きてきたのだから、親の姿が鮮明でなければ、いっぽうの極の自分を描くことはできないのだ、と。自分の生育歴は、親の謎解きとセットになっているのだった。

彼女たちは生育歴の発表に備えて、親の謎を解くために親の生家や親戚を訪れてインタビューを試みる。親のルーツをたどり生きた時代を知り、父と母の結婚のいきさつを探ることで親の像が立体的に浮かび上がる。すると、謎はさらに遡及して祖父母の世代にも及ぶ。こうして発表される生育歴は、昭和ヒトケタから大正、ときには明治にまで遡る壮大な日本近代の家族史ともいうべき内容となる。特に印象的だったのは、五十代以上の女性たちが生育歴で語った、第二次世界大戦から復員した父が、家族のなかでどれほど苛烈な暴力をふるったか、という事実だった。

自分の生育歴は親の謎解きとセットであること、親＝加害者の像が結べなければAC＝被害者である自分の物語がつくれないということ。このことは、虐待ばかりでなく、さまざまな被害者に対するケアのありかた、被害者の立場からどのように脱け出すかについて、大きな示唆を与えてくれるように思われる。流行語としての生命は終わったかもしれないが、アダルト・チルドレンという言葉は今でも私にとっては大切な存在である。加害・被害の問題を考えるための宝庫といってもいいだろう。

第三章　ドメスティック・バイオレンス

ある事件から

二つのバラバラ殺人

二〇〇六年末からなんとも不気味なバラバラ殺人事件が相次いだ。住宅街の庭から切断された足が発見されたときは、テレビの多くのコメンテーターは暴力団の犯罪ではないかと推論していた。私も実は同じことを考えていた。ところがカウンセリングに来ているクライエントの人たちは、どうやら犯人が逮捕される前から「あれは家族の犯罪だよね」とささやき合っていたらしい。なまじのプロファイラー顔負けだ。二〇〇七年の年明け早々、歯科医の次男が妹を殺害し、遺体をバラバラに切断してクローゼットに隠していたことが発覚(一月四日逮捕)。その直後に、前年末に発見されたバラバラ殺人事件の被害者の身元が判明し、被害者の妻が死体遺棄の容疑者として逮捕された。

この二つの事件は、発生場所が同じ渋谷区で至近距離にあった。それ以外にも共通点は多い。加害者と被害者の関係がいずれも家族だったこと、兄妹と夫婦の違いはあれ、男性から女性への暴力が背景にあったこと、などである。

逮捕された妻は一月三一日に殺人容疑で再逮捕された。彼女の供述内容は次のようなものだ。「妻として女としての扱いに不満を持っていた」「何度も離婚しようと考えたが、慰謝料をもらうだけでは気持ちが収まらなかった」。そして殺害後の心境は「殺して夫との争いに決着がついた」と淡々としているという（読売新聞、二〇〇七年二月一日）。

喧嘩が成立する条件

殺害された夫は、結婚して半年たったころから妻に暴力をふるうようになった。口論が絶えなかったと近所の住人は述べている。繰り返しになるが、口論や夫婦喧嘩とDVの違いを理解する必要がある。二人が対等な基盤に立ち、対等な条件のもとで言い争うことを口論という。喧嘩も、両者が対等な条件で行われることが前提になっている。兄弟喧嘩は、体の大きな兄が弟に手加減したり、ことばで言い争うようにすることで喧嘩の体裁を保つ。ボクシングでも、体重によって階級が分かれているのはその対等性を保つためだ。

では、性も体の大きさも異なる夫婦の間で、喧嘩は成り立つのだろうか。夫と妻を比べれば、たぶん夫のほうが背が高く、腕力、筋力ともに優位に立つ。経済力をみても、もちろん例外はあるだろうが、夫が圧倒的に優位に立っているだろう。

そんな二人が対等で平等に向かい合うためには、いくつかのタブーが夫のほうに課せられる。身体的暴力を行使しないこと、そして「誰のおかげで食べられるんだ」「出ていけよ」といった経済力をバックにした脅しを使わないことなどだ。そして、怒鳴ったり物を投げたりせずに、ことばを駆使して意思を伝え、怒りや悲しみの感情を伝えるのだ。その限りにおいて、かろうじて夫と妻は対等な地点に立てるのである。意を尽くした口論は、そこで留まっている限り喧嘩といえるだろう。

歌織被告は、口論の果てにいつも夫から暴力をふるわれていたという。正確にはそれをDVと呼ぶ。しばしばDVをふるう夫は、暴力にいたるまでの妻のことばを理由にして、「あいつは口が立つから」「口答えをするから」仕方がなかったとDVを正当化する。

被害者になることはみじめだ

歌織容疑者の経歴や外見は、ひとびとにＤＶ被害者ということばからはほど遠い印象を与えるだろう。写真を見た私に伝わってきたのは、噴き上げるような強いメッセージ性だ。もちろん想像の範囲だが、それは「夫を許すものか」という怒りと、「ＤＶ被害者と呼ばないでほしい」という彼女の意思だ。この事件を解く鍵はこの点にあると思う。

多くのＤＶ被害者とカウンセリングをとおして知り合ったが、彼女たちのほとんどが明るくエネルギッシュな印象を私に与えた。おそらく彼女たちは、夫に対しても怖がっている様子など見せないだろう。カウンセリングの場で夫への恐怖を口に出すまでには長い時間がかかる。意外にも、一番大きいのは、「被害者」と呼ばれることへの抵抗である。その理由を彼女たちはこう語る。

「私が夫の被害者だなんて、そんなこと認めたくありません。だって負けたことになるでしょ」

私が初めてその言葉を聞いたときには、かなり驚いたことを覚えている。一般的には、暴力の責任は百パーセント夫にあると伝えられれば、自分がDVの被害者であると深く納得するはずだと考えられていたからだ。

別れるくらいなら

歌織被告は、夫からの暴力で鼻を骨折する大怪我を負っている。彼女の怪我を治療した医師は、DVを疑い警察に通報した。警察官は夫を傷害罪で告訴するように勧めた。しかし彼女はそれを拒否した。その結果、骨折させた夫は傷害罪に問われることもなく、何ら社会的制裁を受けずに済んだ。

今のDV防止法では、妻が告訴しなければ夫は逮捕されない。顔が腫れあがった混乱状態で配偶者を告訴することの困難さは想像を絶する。当事者である夫は告訴した妻を恨むだろうし、親戚からは責められるかもしれない。子どもがいれば父親を犯罪者にするのかという迷いも生じるだろう。欧米のように第三者が介入し、とりあえず警察が夫を逮捕する法制度にはなっていないので、多くの女性は彼女のように告訴をあきらめざるをえない。

その後彼女は、DV被害者が避難するためのシェルターにも入所したという。多くのDV被害者支援員たちは夫のもとにもどることに反対する。夫のDVの危険度は変わっていないからだ。しかし彼女は夫のもとにもどった。

DVが続いていても、別居したり逃げることを選べない女性は多い。別れる理由より、夫のもとにもどる理由のほうがずっと多いのが現実だ。妻の座の放棄は、何よりもまず経済的困窮を意味する。多くのDV被害者は、生活保護を受けなければ離婚後の生活をスタートできない。それを思うと彼女たちが二の足を踏むことを、私は責めることはできない。別れることで夫が何も痛痒を感じないなら、離婚はむしろ敗北であると考えるのも納得できる。歌織被告は、シェルターを出るとき、こう思ったのではないだろうか。「私はDV被害者なんかじゃない、夫に負けたくはない」と。

アンフェアな現実

カウンセリングの場で、歌織被告に深く共感する女性たちは多い。時に冗談めかして「屈服するくらいなら、夫に社会的制裁を加えてやりたい」と語る女性も珍しくない。お互い笑いながらするそんな発言を、私は荒唐無稽とは思えない。どれだけ激しい暴力をふるわれようと、加害者である夫への法による強制力は、保護命令（接近禁止命令、退去命令）しかない。しかも期間制限つきだ。被害者である妻が逃げて姿を隠すしかないというのは、どう考えてもアンフェアだろう。彼女たちのそんな現実への怒りは正当だと思う。歌織被告は、体にあざをつくり鼻を骨折しながらも、夫のもとでの生活を再開したわけだが、そのとき何を考えていたのだろう。どうして夫が社会的制裁を受けないのか、どうせ別れるなら夫をもっと苦しめてからにしたい、という怒りが毎日心の中に降り積もっていったのではないだろうか。

児童虐待と同様に、ＤＶにおいても暴力の加害者は放置され、被害者が保護（それも不十分に）されるしかない現実はどう考えても不平等だ。ＤＶをふるう夫への処遇は、すでに北米では逮捕後に行われる一種の刑罰代替によるプログラムとして実施されている。これはダイバージョンシステムといい、比較的軽微なＤＶ罪の被告に対して、実刑か更生のための教育かを選択させる司法制度のことをいう。カナダでは、州によってはＤＶ専門の裁判所（ＤＶコート）が設置されており、ＤＶ罪で逮捕された男性が、毎日のように更生プログラム参加を義務づける判決を受けている。心理学の知見を基礎として作成されたＤＶ加害者更生プログラムは、再発防止や被害者に謝罪して責任を取ることなどが目指されている。

幸せになることを夢見た結婚生活が暴力の日々に終始したこと、夢が破れて自尊心がずたずたになってしまったことは、歌織被告にとってあまりに悔しくみじめだっただろう。自らのプライドゆえに、正反対の傲然とした態度を取りながらも、そんな夫を選び長年暮らしてきた責任は自分にもあると思うと、時には夫への怒りの回路は自分に向かうこともあっただろう。こうして孤立した彼女は徐々に追い詰められていったのだと思う。

ＤＶの起きた夫婦関係が、被害者による加害者殺害というかたちでしか決着がつけられなかったことの責任は、果たして歌織被告一人だけに帰せられるべきだろうか。被害者だけに負担を強いる現在のＤＶ防止法のアンフェアな実態が、彼女の個人による「決着」を駆動させたとは考えられないだろうか。

歌織被告の犯行は決して許されるものではないが、背後に浮かび上がるＤＶという問題、それをめぐる日本の法整備の現実を正面から受け止めなければ、類似の事件の再発予防はできないと思う。

加害者と被害者の逆転した意識

二つのグループにかかわって

私は、原宿カウンセリングセンターで月二回のＤＶ被害者のグループ・カウンセリングを実施している。そのいっぽうで、ＤＶ加害者を対象としたＤＶ教育プログラムにもファシリテーター（司会者）として参加している。後者は二〇〇三年度内閣府男女共同参画局の「配偶者間暴力の加害者に関する調査研究」のワーキングチームのメンバーを中心として立ち上げたＮＰＯ法人ＲＲＰ研究会が主宰している。ＲＲＰとはRespectful Relationship Program.（カナダ・ブリティッシュ・コロンビア州のＤＶ加害者更生プログラムの名称）の頭文字から名づけたものである。

被害者と加害者の双方を対象としたグループにかかわる機会に恵まれることで、私にとってＤＶは、よりリアルで立体的な像を結ぶようになった。しかしそれは、援助者としてかなりスリリングで危ない行為でもある。犯罪をみてもわかるように、加害者と被害者は真向から対立する。妻を被害者と定義すれば夫は加害者となり、両者の立場は対立的にならざるをえない。では、両者にかかわるとき、私はどのような立ち位置をとっているのか、そこに葛藤はないのだろうか。

ポジショニングの困難さ

ＤＶや虐待などの家族内暴力は、援助者のポジション＝立ち位置によって状況のとらえかたが大きく変わる。子どもの虐待も、援助者が「親がそんなことするはずがない、あれはしつけだ」と親の立場からとらえることが多く、ある時期までは虐待が見逃されてきた。しかし近年では、虐待についての情報がいきわたり、子どもの立場から児童相談所に虐待を通報するのに抵抗は少なくなってきた。被害者である無力な幼い子どもを守るというヒューマニズムに背中を押されるためか、被害者の立場に立つことは比較的容易なのだ。

ところがＤＶは被害者が成人だ。「夫婦喧嘩は犬も食わない」「結局は元の鞘に収まるのだから」といった常識が強固に残存している。そして夫婦関係はセックスの問題もはらむので、なおさら閉じた関係になりやすい。夫と妻のあいだには腕力の圧倒的差と経済力の格差があるのに、夫婦愛という言葉や世間の常識（「やっぱりがまんでしょ」「どこの奥さんもこんな経験してるんだ」に代表される）によって、妻も夫も男女の差異をほとんど意識しない。多くのカウンセラーや援助者もその例外ではなく、ストレートに被害者の立場に立つことはなかなか難しい。

中立的立場はあるのだろうか？

私の経験した一つのエピソードを述べる。某県でＤＶ被害者支援についての援助職を対象とした講演終了後、トイレに入っている私の耳に聴衆である女性たちの会話が聞こえてきた。私が聞いているなどとは夢にも思わず、自由闊達に感想を述べ合っている。「いやあ、ちょっとびっくりよね、夫から殴られる妻にも悪いところがあると思ってたのに」「そうよね、あの人たちって、自分のことばかり正当化して、反省が足りないって言うか」「被害者の立場に立っていわれてもねえ」。聞きながら、私はすっかりトイレから出そびれてしまった。

彼女たちの意見は、援助者全体の平均的意識からそれほど隔たってはいないだろう。

夫婦は五分五分だという一般常識や「中立的」立場に基づいた正直な感想である。カウンセリングや心理療法の基本を学んだ人ほど、中立的立場、どちらにも偏らない立場をしばしばとりがちだ。

　ではなぜ中立的立場を取ることが、このように被害者の立場から離れてしまうのだろう。夫婦の関係性が水平（平等）なら、ちょうどその中間点に位置することが中立だ。では、二人の間の、経済力や腕力の格差や強弱がある非対称的関係性において中間点はどこにあるのだろう。傾斜した線を書いてみれば明らかなように、ちょうど真ん中、中立だと思う地点は、実は強者の側に寄っているのだ。このことに気づかされたのは、ちょうど今から一〇年ほど前だ。長年、親から虐待を受けてきたACの女性のカウンセリングで、中立的であろうとした私の発言が、いつの間にか彼女の親のことばとすっかり重なっていたことがあった。それを彼女から指摘された私はとても驚き、ショックを受けた。この経験は私に、「親子関係に中立はない」という発見をもたらした。それはカウンセラーとして大きな転機だったと思っている。

　親の立場か子の立場かのいずれかしかなく、中立はない。これはそのままDVの夫と妻にも当てはまるだろう。このような体験を経て、私はためらいなく被害者である妻の立場に立つことができるようになった。中立的立場の放棄は、従来のカウンセリング理論を大きく越える点であり、それが多くの臨床家にDVを扱うことへのためらいを生んでいると思う。冒頭の問題提起にもどると、DV加害者のグループにかかわるときの私の立ち位置は、「被害者を支援するため」の一点に集約される。しかし、DV被害者の安全と安心のために、彼らに学習の機会を提供しているのだという基本を守りつづけることは、想像以上に困難である。DV加害者のグループについては追って詳しく述べるつもりだ。

DV被害者は加害者意識に満ちている

DV被害者のグループ・カウンセリングを実施するにあたって、必要な態度は次の三つだと考えている。①一貫した立場性（ポジショニング）、②明快な発言、③心理教育的態度である。もちろん共感性や傾聴といったカウンセリングのイロハも必要だが、もっと積極的な態度が求められる。なぜなら、彼女たちは「自分にも悪いところがあったのではないか」「私の態度が夫をあのようにしむけたのではないか」という問いかけに苦しんでいるからだ。つまり「自分が夫に暴力をふるわせたのである」「夫は寂しくて甘えたかったのだ、わかってやれなかった私が悪い」という罪悪感、いうなれば加害者意識が彼女たちを苦しめている。よく聞くと、彼女たちの発言は、暴力をふるったあとで夫が妻に向かって語ることばそのものである。彼らは「お前のせいで暴力をふるわされた」「お前が家事を完璧にこなせば、こんなに怒ることもなかった」と主張する。殴られた衝撃で呆然としている最中にそう言われれば、妻たちはそういうものだと夫のことばを内面化するだろう。それは、体罰を通して生徒を教化する教師と、なんら変わりない方法に思える。

一回きりならまだしも、それは繰り返され、中には二〇年三〇年と聞かされ続ける女性もいる。それはまるで洗脳と同じような効果をもたらす。頭の中にこびりついてしまった「私のせいで夫が……」という加害者意識から、彼女たちがすぐに離脱することは難しい。それと十分に対抗できる新たな知識や別の考え方を、グループ・カウンセリングで何度も何度も繰り返して説明する必要がある。それは内面化されてしまった夫の言葉を解体することだ。

彼らの主張はシンプルだ。自分の暴力には理由があり、その理由というのは妻のせいだ、むしろ自分の方ががまんしてきた、と。まるで妻の加害者意識と対であるかのように、彼らは被害者意識に満ちている。このように被害者は加害者意識に苦しみ、加害者は被害者意識に満ちて暴力を正当化するという逆転現象は、DV問題にかかわる際の常識といっていい。

さて、彼らの主張の問題点はどこにあるのだろう。それは、暴力行為とそこに至るまでのプロセスや動機を一連のものとしているところだ。妻が生意気な口答えをしたというきっかけがあったとしても、だから暴力は不可避であることにはならない。彼らはしばしば家庭外では、やさしく穏やかな人として暮らしている。会社では温厚な人として通っている。そんな男性が妻に対してだけ暴力をふるうという事実は、そこに選択・判断が働いていることを表している。かっとして、頭の中が真っ白になって、と彼らは言うが、上司に向かって暴力をふるうわけではない。あまり暴力がひどいので一一〇番通報した妻が驚くのは、警察官が駆けつけると、「妻が精神的に不安定でして、ご迷惑をおかけしました」と穏やかな口調で語る夫の姿だ。

「どれほどあなたたちの態度に腹が立ったとしても、それをことばにして穏やかに伝えることはできるはずでしょう。だけど暴力をふるったとすれば、彼らは暴力を選んだのです。その選択した責任は百パーセント夫にあります」。グループ・カウンセリングでこう伝えると、彼女たちは暴力・暴言の理由をつくったというこれまでの責任意識から解放され、自ら納得する。このような暴力という行為と、そこに至るまでのプロセスの切り離しによって、夫のことばは理論的には解体される。しかし長年にわたって血肉化された認知（考え方）は容易に変化するわけではない。彼女たちはグループ・カウンセリングで、繰り返しＤＶにおける責任の問題について学習を続ける必要がある。

ＤＶをふるう夫とは別れなければならないの？

「ＤＶをふるう夫と別れたほうがいいのだろうか？」これは参加者の女性たち全員が心の中に抱えている疑問だ。今の日本における教科書的な答えはこうだ。「暴力は止まりません、だから別れたほうがいいでしょう」。

しかし私の担当しているグループ・カウンセリングには、別れをためらう女性も参加している。さまざまな情報を提供され学習し、暴力は夫の責任だと理解したとしても、別れるには勇気が要る。まして中年女性が夫と別れて子どもを抱えて生きていけるほど日本の現実は甘くない。離婚はつまるところお金の問題になる。家庭裁判所で調停にかけたとしても、別居中の生活費すらなかなか保障されないのが現状だ。さんざん迷い、あらゆる可能性を探ったうえで、その結果夫との生活を選ぶ女性もいる。六〇歳を過ぎてから、もう一度夫と話し合い再同居したり、別居中に夫がガンになったので、夫との家に戻り看取った女性などもいる。中には夫に働きかけたことで、夫がDV加害者グループに参加するようになった例もある。最終的に夫との関係を彼女たち自身で選択できるための援助が、グループ・カウンセリングの目的だと私は考えている。たとえ別居を解消して夫の元にもどることを選択したとしても、彼女の苦渋の決断を私は支持するだろう。そして、できるだけ彼女が傷つかないように、できるだけ自尊心が崩れることがないように、彼女の生活を側面から支えていくだろう。

カウンセラーには、こんな綱渡りにも似た現実との微妙なバランスが求められている。

夫の価値基準で評価される妻

暴力の多様性

「うちの夫、殴ったりしないから」という妻は多い。中には「平手打ちとグーで殴るのは違いますよね」とか「別にあざができるわけじゃないので」と考えている人もいる。ＤＶの詳細を一つ一つ見ていくと、そのまま暴力の一覧になってしまうほどそれは多様だ。身体的、言語的、経済的、性的……と続くＤＶの多くは、単一ではなく、重なって行使される。

殴ったり蹴ったりすることと、「お前は母としても妻としても失格だ」「こんなこともできないのか、バカ！」という言葉の暴力はしばしばセットになっている。それに対して抵抗する妻に「お前の経済観念はおかしい」と生活費を半減させれば、これは経済的暴力になる。しかし夫の側はこれらをＤＶなどと思っていない。この文章も自分が夫の立場で読めば、いったい何が問題なんだと腹が立つ人もいるかもしれない。

彼女たちの夫のことばは、まるで裁判官のようだ。妻を裁き、批判する彼らは、自分の判断が正しく、それに従わない妻が間違っているという価値基準を頭の中につくり上げている。それは、妻は○○すべき、女は○○すべき、それができないお前はだめだという評価の基準となっている。問題は価値基準の内容ではなく、評価者である自分をつゆ疑わない態度である。妻の態度が許せないと思う自分の基準は正しく、妻が自分を批判することは許さない。これは先生と生徒、親と子、上司と部下の関係と変わらないだろう。状況を定義する権利がいっぽうだけに委ねられていること、これは「権力関係」そのものである。極端に言えば、夫が黒といえば白も黒になるのだ。状況を定義する権利が夫に委ねられているのだから、妻は夫の顔色を見て怯え、夫の意に逆らわないように緊張するだろう。そのうえ夫の意向は気分しだいで変わる。この予測不能性が、妻にさらなる緊張と恐怖を与えることになる。

そんな価値基準に翻弄されたある女性について述べよう。

手堅く、確かな生活を求めて

結婚して一年しかたっていないのに、カナコさんは憔悴し切って実家にもどってきた。夫には、体調が悪いので実家近くのかかりつけの医者で検査を受けると伝えてある。結婚当初から比べると、体重は五キロも減ってしまったのでそれはまんざら嘘ではない。カウンセリングにやってきたカナコさんは次のようなことを語った。

二九歳で結婚するまで、カナコさんは証券会社で働いていた。彼女が大学二年のときに父親が病死した。その後パソコン修理の出張サービス業の男性と知り合ったが、事業を起こすために借金を申し込まれ、多額の金を貸した。彼は涙を流して喜び、会社が軌道に乗ったら結婚しようと言ったが、その後、姿をくらまして連絡がとれなくなってしまった。騙《だま》されたことに気づき、傷心を抱えたカナコさんの前に現れたのが今の夫だった。

東北地方の都市銀行に勤務している彼は、仕事が忙しくて三四歳になるまで女性と付き合う暇がなかったのだと恥ずかしげに語った。その後、なんどかメールのやりとりをするうちに、彼からプロポーズを受けた。彼の住む町に嫁げば、母を一人で東京に残すことになる。そのことが心配だったが、「新幹線で東京から二時間よ」という元気な母の声に励まされて結婚を決意した。夫の育った家は、江戸時代からの家系図が残されているほどの旧家だ。生涯賃金のおおよそが計算できるほどの堅い仕事、いずれ入るお墓まで決まっているという確かさが、カナコさんの傷ついた気持ちを受け止めてくれる気がしたのだ。

ルール違反を許さない夫

新生活は、夫の実家からスープの冷めない距離のマンションで始まった。子どもを作る前に一、二年は働こうかと思ったが、夫の母が強烈に反対したので専業主婦になった。

イギリスへの新婚旅行の時のことだ。ツアーの添乗員が時間を守らないルーズさにいらつき、夫はヒースロー空港のいすに座ってずっと貧乏ゆすりをしていた。ロンドンの中華レストランでは、カナコさんの上海蟹の食べ方が「下品だ」と、舌打ちをしてしかりつけた。そんな夫の態度にふと湧き上がる不安を覚えた。

帰国後、二人の生活が始まったが、夫の日常生活はすべてが判で押したように決まっていた。起床は六時二〇分、その後犬の散歩に出かけ、七時半から朝食。八時五分には食後の歯磨きを始め、八時一五分に玄関を出る。帰宅時間は、年末の繁忙期以外は夜七時四五分と決まっていた。「今、会社を出たところだ」と電話が入るのが七時一〇分だ。

帰宅すると、夫はまず玄関の下駄箱の上を左手の人差し指ですっと撫でて、そこに埃がついているかどうか確かめてから「ただいま」と言う。カナコさんが玄関に出迎えると同時に、夫は人差し指をぬっと差し出す。「これ」と言う時は、そこにうっすらと埃が付着している。黙っている時は合格だ。

その後寝室で背広から普段着に着替え、夫は食卓の定位置に腰掛ける。そこはテレビが一番よく見える場所で、食べ始める前に八時からのドラマにチャンネルを合わせておかなければならない。

テレビを見ながら日本酒を二合晩酌するのが夫の習慣だ。最初、適当に電子レンジで温めたら、「熱すぎる！」と怒鳴られた。ふだんの優しい夫からは想像できない声だった。カナコさんはびっくりすると同時に恐怖を感じた。それからというもの、お銚子をやかんの湯にいれてお燗をつけるようにした。温度計を買ってきて酒の温度が四〇度きっかりになるように測った。そのために専用のやかんも買った。

投げる、怒鳴る、壊す

カナコさんは幸い料理が得意だったので、姑から聞いておいた夫の好物を作って並べておけば、食事に関しての不満は少なかった。ある晩のこと、昼間はペットの犬以外に会話をする相手もいないので、テレビドラマを見ながら晩酌している夫に向かって、「ねえ、今日こんなことがあったの、聞いてくれない」と言いながら、自分のほうを見てほしくてリモコンでテレビを切った。カナコさんにしてみれば、いたずら半分の行為だった。

「何をするんだ！」その瞬間夫は怒鳴り、テーブルクロスごと食卓にあったものをぶちまけた。しょうゆの瓶は飛び、お銚子やコップは割れた。じゅうたんには一口かつのソースが飛び散っている。カナコさんは何が起きたのかわからず呆然としながら、夫の引きつった蒼白な顔を見た。眼の色が違っているような気がした。それでもまだ彼は気が済まないのか、リモコンを力いっぱいリビングのドアに投げつけた。マホガニー製のドアにはうっすらと傷がついた。

「もういい加減にしたらどうだ、何度言ったらわかるんだ」怒りにふるえた夫の顔が恐ろしくて、一刻も早く機嫌を直してもらおうと、カナコさんはあやまり続けた。

「ごめんなさい、もうこんなことしませんから。許してください」

入浴についても決まりごとがあった。水位はバスタブの上から一五センチ下、温度は四二度である。いくら自動温度調節機能がついていてもわずかな狂いは生じる。それ以上でも以下でも許されず、きっちり守られていないと必ず夫はキレて物を投げた。投げる物は、近くにある食器、マガジンラック、風呂場のシャンプーの容器などだったが、後から振り返ると決して高価な物は壊さなかった。時には壁を殴りつけ穴を開けることもあったが、居間ではなく寝室の壁だけだった。

避妊に協力しない夫

夫とのセックスにも決まりごとがあった。週末の金曜と土曜だけを性交渉の日と決めていて、夫はダブルベッドのある寝室で一緒に眠った。それ以外の日は銀行の仕事に差し支えるからという理由で、カナコさんとは別に居間のソファーベッドで眠った。避妊についても、夫は一刻も早く子どもを作るべきだと主張して、協力してくれなかった。３ＬＤＫのマンションも、子ども二人が生まれるのを想定して買ったと後から聞かされた。何より孫の顔を見せるのが親孝行だと夫は考えていた。カナコさんは、夫が頻繁に見せる怒りに震えた顔、ドアに残るリモコンを投げつけた跡、じゅうたんにしみついて取れないウスターソースのにおいを思い出すたびに、子どもをつくることへのためらいが増していった。

ある金曜の夜、勇気を出して夫に避妊をしてほしいと頼んだ。優しげな顔から一瞬のうちに表情が変わる。「どうしてなんだ、理由を言えよ、何が不満なんだ」。いつもの恐怖の時間が始まるかと思うと、ことばがのどに引っかかって出てこない。黙っているとさらに夫は激昂して怒鳴った。「いったい誰のお陰で食べてられるんだ」「三食昼寝つきの身分のくせして！」

これらのことをすらすらカナコさんが語ったわけではない。一カ月かけて少しずつ言語化できるようになったが、当初はカウンセリングにやってきた理由も、夫の言動についても具体的に語ることすらできなかった。夫からの「だめな妻」「やるべきことが何もできない妻」ということばは、まるで心の中の井戸に毒薬を投げ込まれたように、カナコさんをじわじわと蝕んでいた。あらゆることに自信をなくし、自分には生きる資格もないと思えて、食欲もなく眠りも浅くなっていった。

実家に戻ったカナコさんに、夫からひんぱんにメールが入る。「これです」と私に見せてくれたケータイメールの文章には、悪かったという謝罪のことばはなく、「少し休めば頭も正常になるだろう、専門家の言うことを聞いて治療するように」と書かれていた。妻が精神的に疲労しているのは慣れない土地のせいだと信じて疑わない夫の姿がその行間から読み取れる。読みながら私はため息をついた。あまりにも予想どおりの内容だったからだ。

しかしカナコさんは揺れている。ここで夫との生活をあきらめたら自分がもっとだめな人間になるのではないか、夫にもやさしいところはあるのだからやり直さなければという気持ちと、こんな生活にはとても耐えられないという気持ちの間で。私は彼女に伝えた。「その迷いは当然のことですね、そしてとても大切なことだと思いますよ」と。割り切れず今後どうするかを決められないカナコさんを目の前にして、当面の私の役割は、カナコさんの夫のことばや行為が「ＤＶだと思います」と伝えることだと思った。

彼らはなぜ殴るのか？

もぬけの殻の部屋

トミオさんは、五月のある日いつものとおり帰宅してみて驚いた。部屋は真っ暗で誰もいない。２ＬＤＫのマンションはきれいに片付いている。旅行にでも出かけたのだろうか、いやそんなはずはない。今朝出掛けるときはいつもどおり変わったことはなかった。一瞬激しい怒りが湧き、視界がふっと暗くなった。どこかに行くのならひとこと言ってくれればいいのに。あいつはいつもそうだ、なんの前触れもなく突然「実家に行ってもいいですか」などと切り出すのだから。ものには順序というものがあるだろう。いつもの無計画な行動に違いない、ほんとうに悪い癖だ、帰ったら根性を叩きなおしてやろう。そう思ったトミオさんは、すぐさま妻のケータイに電話をした。ところが、何度かけても「電波の届かないところにいるか電源が入っていない……おかけ直しください」というメッセージが流れるだけだ。
「留守電機能がどうして使えないんだ！　こんなに疲れて帰ってきたのに、飯の用意くらいして出て行ったらどうなんだ！」無人の部屋で思わず大声で怒鳴ったが、そこには反応してくれる人間は誰もいない。興奮して手が震える。壁にケータイを投げつけようと思ったが、先週機種変更したばかりなのを思い出してやめた。気分を落ち着けるために、缶ビールを飲もうとして冷蔵庫を開けた。

冷蔵庫の中はいつになく整然としていて、余分なものは整理されている。実家に行くにしてはヘンだ、三歳になったばかりのサトカを連れて行ける所は限られている。いったいどこに？　いずれにしても、缶ビールを空けてから妻の実家に電話をしてやろう。

トミオさんはチーズをつまみ、ぐいぐいとビールを飲み干しながら一生懸命考えた。だいたいあの親のしつけがなってない、甘やかされて育ったから付け上がるのだ。俺のように、努力に次ぐ努力でこれまで生きてきた人間には、妻やその親のあんないい加減さは認められない。ことあるごとにそう批判してきたが、妻は必ず自分の親をかばった。どうせ俺の親をこころの中で軽蔑してるんだろう。亭主の親と自分の親のどっちが大事なんだ、もう、まったく……。

ぶつぶつとつぶやきながらビールの二缶目を開ける。片手で缶をもちながら、少し酔いが回ったところで妻の実家に電話をした。ところが妻の母親の返答は意外なものだった。

「ええっ、なんにも聞いてませんよ」と驚いたように言い、むしろ心配したように「トミオさん、どこか心当たりありませんか」と問い返されてしまった。

その口調に嘘はなく、トミオさんはそれまでの怒りが一気に冷める思いがした。いったいサトカをつれてどこに行ってしまったのだろう。ひょっとして家出をしたのだろうか。いや、まさかそんなことはない。あいつに限ってそんな思い切ったことができるはずもない。サトカを抱えて行ける所なんてないに決まっている。毎日育児に追われて世帯じみた妻が浮気なんかするはずもない。そう言い聞かせて、自分を落ち着かせた。ビールの酔いもどこかにふっとんでしまったので、さらに二缶空けた。

すべてが計画されていた

しかしどれだけ飲んでも頭は冴えたままだ。思いついて妻のタンスを開けてみた。

冬物はそのままになっている。サトカの衣類もふだんと変わらず雑然とベビーダンスに詰め込まれている。それを見てトミオさんはほっとした。やっぱり思いつきでどこかに出かけたに違いない。やれやれ、困ったやつだ。「ごめんなさい」と電話がかかってきたら、こんなに心配させたんだからきつく叱りつけてやろう。

一息つきながら、リビングのサイドボードの引き出しの奥にしまってある預金通帳の束を取り出そうとした。無用心だから収納場所を変えろ、と常々妻に注意していたが、結局変えずじまいになっていた。ところが、出してみた通帳の数が足りない。サトカのための学資保険の証書、妻名義の通帳がない。妻が出産前まで勤務していた会社の給与が、その通帳に振り込まれていたはずだった。今のマンションが手狭になったので、もう少し郊外の広いマンションを買おうと思っていた。それには妻の預金もあてにしてトミオさんは計画をたてていた。

まさかと思ったが、妻の実印もなくなっている。トミオさんは呆然として、しばらくリビングの床にへたりこんでしまった。これは何なのだ、いったい何が起きたのだろう。妻の行動は明らかに計画的だ。身の回りの物だけを持ち、サトカと二人で家を出たに違いない。実印、銀行印と通帳をもって家を出たのだ。

見慣れないことば

重い衝撃がじわじわと押し寄せてくる。信じたくないが、きっと家出だろう。それにしてもなぜだ。俺が何をしたというのだ。男か？　いや、妻に限ってそんなことはない。あいつにそんな男ができたとしたら、俺がすぐに見破っているはずだ。

トミオさんは、じっとしていられなくて手当たりしだいに家出の痕跡を探した。何冊か妻の読んでいた本や育児書が残されていた。その一冊の背表紙に見慣れないことばを発見した。それが「ドメスティック・バイオレンス（ＤＶ）」だった。

翌日、トミオさん宛てに速達が届いた。消印は新宿になっている。そこには「あなたのＤＶに耐えかねてサトカといっしょに家を出ます。探さないでください」と書いてあった。トミオさんは、即座にインターネットでドメスティック・バイオレンスを検索した。そして書店でＤＶが題名に含まれている本を何冊も買った。読みながら、妻が家を出た理由がおぼろげながらつかめる気がした。

たしかに、自分は妻に手を上げたことがあった。茶碗を投げつけたこともあった。大声で怒鳴ったこともあった。寝室で口論になったとき、手元にあったハンガーを投げたら、サトカの頭に当たったこともあった。そのときの妻の顔は心底怒っていた。

本に書いてあるＤＶのいくつかが、自分の行為に当てはまることはわかった。しかし、とトミオさんは思った。あれくらいのこと、よその家庭でもやっているはずだ。俺が特殊じゃない。俺の父親が母にやっていたことに比べれば、ずっと軽いもんだ、と。でも、手がかりがつかめただけましだ。深く反省して、ＤＶを一切やめる覚悟をしていることを妻に知らせたい。とにかく一日も早く妻にはもどって欲しい。毎日誰もいない家に帰るのが、こんなに寂しいことだとは思わなかった。ごはんを食べても味気ないし、コンビニ弁当も食べ飽きた。自分が反省していることを、どうやったら妻にわからせることができるのだろう。

こうして彼らは登場する

このような経過をたどって、ネット上で検索し、私たちのセンターを訪れる男性は多い。「トミオさん」というのは彼らをわかりやすく造形した架空の人物である。

カウンセリングの場で語られる彼らのことばは、最初は反省していることを強調する内容に終始するが、だんだん打ち解けてくると変わってくる。彼らがカウンセリングにやってくる第一の目的は、妻を取り戻すためである。妻に対して反省している姿勢を見せるには、とりあえずカウンセリングに来ている事実を提示するのがもっとも確かだと考えたのだろう。カウンセラーという第三者に自分の変化を証明してもらえると計算もしているのだろう。

二番目の目的は、自分の寂しさ、みじめさ、そして妻が唐突に出ていってしまった怒りなどを、カウンセラーにぶつけて聞いてもらうためだ。もっと直截《ちょくせつ》に表現すれば、妻の家出がどれほどひどい裏切りか、そのせいでどれだけ自分が苦しいかという、自らの被害者性をカウンセラーに承認してもらうためである。

これら二つの目的は矛盾していることがおわかりになるだろう。「妻にもどって欲しい、けれども妻に対して怒っている」のが彼らなのだ。妻の立場からすれば、もどることは夫に責められることを意味する。彼らに欠けているものは、妻が家を出るという並々ならぬ決心をするに至ったのはなぜか、どれほどの苦しみを味わっていたのかという、妻に対する共感と想像力だ。それどころか、彼らは「どれだけ俺が苦しく寂しい思いをしているかを、妻にわからせてやりたい（わかってほしい）」とだけ考えており、妻からの共感を逆に求めているのだ。

しばしば彼らの用いる定型句がある。それは「お互いさま」「夫婦は五分五分だ」

である。別にごまかしているわけではなく、心底彼らはそう思っている。これは彼らなりの最大の譲歩を表していることばなのだ。自分が妻に手を上げた（これは暴力をふるったことと同義だ）のは理由があったからだ。殴らせたのは妻だ、と。自分のほうが被害者であるにもかかわらず、五分五分まで歩み寄っているじゃないか、それがなぜわからないのかと考えると、再び彼らは妻への怒りにおそわれる。

こう書いてくると、彼らの思考の悪循環ばかりが強調されて、希望などないと思われるかもしれない。しかし、大切なことがある。彼らが私たちの前に登場した、そのことだ。どのような目的であろうと、とりあえず彼らを突き動かした動機を大切にすることから、彼らへのアプローチが始まる。

妻は逃げるしかないのか

トミオさんの妻はいったいどこに行ってしまったのだろう。残された夫の立場からすればまったくわけが分からず混乱の極致に陥るだろう。彼らは心理的に追い詰められ、手負いの獅子のようにその行動は時に危険なものとなる。DV防止法は、具体的にどのように運用されているのだろう。トミオさんとその妻を念頭に置きながら、DVをめぐる法律、政府の対応などをみてみよう。

DVに関する調査結果と報告書

二〇〇七年一月に公表された、内閣府による「配偶者からの暴力の被害者の自立支援等に関する調査結果」によれば、配偶者と離れた後、五四・七パーセントの被害者が追跡されたことがあると回答し、その内容は、六二・三パーセントがメールや手紙が来たと答え、五四・三パーセントが実家や友人宅に現れたと答えている。

この調査を受けて、〇七年三月一四日、内閣府男女共同参画会議の「女性に対する暴力に関する専門調査会」は「配偶者暴力防止法の施行状況等について」の報告書を公表した。DV防止法は〇一年に施行されたが、施行後三年をめどに施行状況などを勘案、検討し、必要な措置をとることを規定している。〇七年には二回目の改正が行われ、調査会報告はそのために役立てられることを目的としていた。

報告書によれば、保護命令の対象に言語による脅迫を加え、さらに電話、ファックスやEメールなどによる接触も禁止するように提言している。〇四年第一回目の改正で、DV防止法は暴力を身体的だけでなく、精神的暴力も含める規定となったが、後者は保護命令の対象にはなっていなかったからだ。保護命令の対象者には本人と子ども以外にも、被害者の親族や支援者を加えることを挙げている。妻の実家におしかけたり、妻の友人を逆恨みする男性による事件が過去に起きているからだ。また保護命令を破る事件も起きている。〇六年一二月には、徳島県吉野川市で、シェルター入所中の看護師の女性（四〇歳）が別居中の四一歳の夫に脇差しで刺されて死亡した。夫妻は離婚調停中で、徳島地裁は〇六年一一月、夫が女性に対し繰り返し暴力をふるったとして、DV防止法によりつきまといや訪問を六カ月間禁止する保護命令を出していた。夫（被告）は私立探偵を依頼してシェルターの場所をつきとめたという。

一方、警察庁は〇七年三月八日「配偶者からの暴力事案の対応状況について」と題する報告書を発表した。それによれば、〇六年中に認知したDV件数は一万八二三六件と、前年から八パーセント増加した。これは多くのマスコミでも取り上げられ話題になった。

被害者は女性が大半で九八・八パーセントである。しばしば「女だって男に身体的精神的な暴力をふるってるんですよ」と語る人もいるが、この数を見れば被害者のほとんどは女性であると断言してもいいのではないだろうか。年齢別では三十代が最も多く約四割の六八四七人、続いて二十代が約二割の三九四二人だった。七〇歳以上の高齢者も五〇〇人いた。私のクライエントにも、夫のもとから逃げてきた女性高齢者が何人もいる。彼女たちは、あとわずかの老後の人生を自分らしく生きるためにカウンセリングに訪れたのだと言う。

トミオさんの妻と子どもは？

内閣府の調査によれば、調査対象者の九三パーセントが子どもがいると回答している。自分一人ならまだしも、子どもを連れて逃げることはさまざまな点で制約を受けることになるだろう。報告書は、被害者の自立支援に向けて、当面の生活費や住居の確保などの支援策の拡充や、関係機関の連携強化の必要性をあげている。

トミオさんの妻は、おそらくＤＶ被害者のシェルターに入ったのだろう。夫が知らない場所でなければ安心できないので、実家には何も知らせなかったのだろう。首都圏では子連れで入所できるシェルターも増えており、とりあえずはそこで暮らせるようになっている。シェルターについての知識は、一般の人はほとんど持っていないのが現状だ。彼女は夫のＤＶに関する相談を、かなり前から地域の女性センター（名称は地方自治体によって異なる）などで行っていたと思われる。

専門機関で相談するには相当の勇気が要る。トミオさんの妻はそこまで追い詰められていたのだ。一般的に、妻の語る暴力被害は夫の記憶しているそれの一〇倍も深刻である。ＤＶについての知識がいきわたる前は、妻の感じ方を、一を十だと大げさに受け取るとして、一方的に責められたものだ。暴力はふるう側でなく、受ける側の苦痛の問題だということをあらためて強調したい。しかし、一般的には妻の我慢が足りないという通念がいまだに根強いことは残念だ。トミオさんの妻は相談員からいくつかのアドバイスを受け、すでに限界にきていることと、子どもにも悪影響があることを自覚し、相談員と綿密に打ち合わせてシェルターに逃げたのである。

残された夫の怒りに水路をつける

妻が逃げる際には、夫への恐怖からできるだけ隠密裡に事を運ぶのが通例である。引越業者の中にはそのようなノウハウを蓄えている会社もあるときく。援助者側には被害者に関する情報を秘匿する義務があるが、それほどまでにする必要があるということは、一般にはなかなか理解されないだろう。DVのシェルターについては、どこの国でも住所や電話番号は公表されていない。夫の追跡から入所者を守るために、情報の秘匿は絶対に必要な条件である。トミオさんの妻はその日のうちにハガキを投函しているが、これは例外といっていいだろう。

妻のいなくなった部屋で、トミオさんは途方にくれた。そしてやり場のない不安と怒りに襲われていろいろな行動を起こした。このように残された夫たちの怒りは、まるで水路を失って溢れる濁流のように膨大なエネルギーを抱えている。それが妻への恨みに一極集中したとき、事件が起きる危険性は高い。これは今に始まったことではなく、藤沢周平原作の映画「たそがれ清兵衛」(山田洋次監督、二〇〇二年)にも、復縁を迫って妻を殺そうとする武士が登場する。自分のものである妻が逃げるのならいっそ殺してしまおうという行為は、妻への愛情ではなく究極的独占を表している。徳島事件の加害者である夫は「自分の言うことを聞かない妻を殺してどこが悪い」と取調べ中に繰り返し主張したという。

しかし、彼らのエネルギーはそれがどのような感情を伴っていようと、変化を引きおこす力をもっている。彼らの困惑、不安、寂寥感、怒りなどが複合したエネルギーを、自らの暴力行為をやめる方向に向けて水路を付けることはできないだろうか。それが、わが国において彼らをDV加害者の教育プログラム参加へと導くための、唯一の現実的な手がかりになるだろう。同時に、妻や近親者に対する凶悪な殺人・傷害事件を防ぐ有効な手立てにもなるだろう。

DV被害者の女性たちが逃げる際に、私が提案しているのが「置手紙法」だ。

「あなたの行為はDVだと思います。これ以上あなたのDVを受け続けることはできないので、しばらく家を離れます。もしあなたが私に会って話したいと思われるのであれば、次の機関で相談を受けてください。そこで行われているDVについての教育プログラムを受講していただきたいと思います。それをすべて修了した段階で、担当者と話し合っていただければ、あなたと会い、話し合う可能性はあるでしょう」

この手紙を事前に書いて用意しておき、いざという時にテーブルの上に置いて逃げるのだ。機関名には、原宿カウンセリングセンターの名前を書いてもらう。私もメンバーの一人であるRRP研究会が主催するDV加害者教育プログラムと連携したカウンセリングが実施されているからである。彼らのエネルギーの水路がプログラム参加に向かえば、置手紙法の第一の目的はまず達成されたといっていいだろう。いわば彼らは「妻命令」によって、プログラムに参加するのだ。

変わるべきは夫である

こんな回りくどい方法を取らずとも、DV対策の先進国である北米ではDV加害者への対策は明確に政策化されている。パートナーからの暴力を受けた女性が通報すれば、即刻犯罪（ＤＶ罪）として逮捕される。その後裁判となるのだが、暴力の程度が比較的軽微な場合はダイバージョンシステム（刑事罰を教育に代替するシステム）によって、実刑か、さもなくば地域における教育プログラム参加のいずれかを選択させられる。ほとんどの加害者はプログラム参加を望み、居住地域にもどって（配偶者との同居を再開する例も多い）週一回のプログラムへの参加を義務付けられることになる。こうして、裁判所命令による強制的プログラム参加が彼らに課せられる。このプログラムの特徴は、「被害者支援」のために実施されるということだ。

いっぽう、わが国では被害者が自らパートナーを告訴しなければ、ＤＶは犯罪にならない。さらに加害者である夫に対するアプローチが保護命令しかないことも大きな問題である。その手続きの煩雑さから、先の内閣府の調査でもＤＶ被害を受けながら保護命令を申し立てていない人が六割近くに達している。

保護命令は、文字通り被害者を保護するものであって、加害者に暴力をやめさせるために働きかけることは含まれてはいない。被害者が逃げて隠れるしか方策がなく、加害者には何の働きかけもないのはどう考えても不平等だろう。諸外国では、一九七〇年代の終わりから、すでにＤＶ加害者教育プログラムは始まっているのだから、その蓄積を学んでいるのであれば、わが国でも実現不可能ではないだろう。

内閣府の調査でも、被害者たちは「加害者を厳罰に処してほしい」と望むと同時に、「加害者に対して教育を行って欲しい」と述べている。先述の報告書においても、加害者の教育プログラムの検討が課題であると述べていることは大きな意味を持つ。やっと加害者に対する対策が課題になった、というのが報告書を読んでの正直な感想である。妻が逃げるしかないのではなく、夫が変わるべきなのだ。

加害者は変われるか？ 1

とりあえずの被害者保護

現行のＤＶ防止法において、唯一加害者に対して発令されるのが、保護命令である。これには接近禁止命令（六カ月）と退去命令（二カ月）がある。後者は、妻が住んでいる家から夫に退去を命ずるものだが、それは二カ月の間に妻がその家から出て行く用意をするためのものであって、夫が自宅から半永久的に退去することを目的としてはいない。

日本のＤＶ対策の中心はこのように被害者保護に終始しているといっていいだろう。しかもこれが不十分な保護であることが、加害者が被害者を探し出して殺害する事件が後を絶たないことからも明らかになっている。先述の徳島の事件は多くの被害者たちに衝撃を与えた。どこまで逃げても、保護命令が出されようとも、彼らの殺意を妨げることはできないのではないかという絶望感も生まれているかもしれない。そんな現実を前にして、素朴な疑問が起きるはずだ。なぜ肝心の加害者への法的アプローチが閉ざされたままなのか、と。DVの元を断つことはできないのだろうか。暴力をふるう男性への働きかけはどのように行われたらいいのだろう。

「法は家庭に入らず」という法格言は古代ローマ時代に作られたもので、家庭内の問題については法が関与せず、自治的解決にゆだねるべきだという考え方を示している。これは現在の日本の刑法や民法にも色濃く受け継がれており、協議離婚制度（当事者の合意があれば、裁判所の関与なく、届出のみで離婚できる制度）や刑法の親族間の特例（窃盗、詐欺、横領などの犯罪において夫婦や一定の親族には刑が免除される）などに具体化されている。

しかし喫緊の課題となっているのは、法が家庭に入らないことにより「無法地帯」と化した家庭の実態である。家庭外の市民社会における非暴力の徹底ぶりに比べ、一歩プライベートな空間に入れば、強い立場の人間は弱者に対して暴力をふるうことが容認されている。しかし一九九〇年代に表面化した児童虐待の悲惨な現状、そしてDVの増加によって、不十分ながらも法が家庭に入らざるを得なくなった。児童虐待防止法、ＤＶ防止法の制定はその現れであるが、肝心の加害者対策になると、いまだに「法は家庭に入らず」「民事不介入」の原則が大きくたちはだかっている。ＤＶが刑法上の犯罪になっていないからだ。

諸外国では

ＤＶの加害者に対するアプローチの嚆矢は一九七〇年代に始まる。アメリカでの女性運動の高まりが、家庭の中で殴られ続ける女性たちを救済する対策を国家に求める動きを生んだ。一九七七年には、ヒューストンで開催された全米女性会議で、家庭内において暴力を受ける女性の救済対策強化への勧告決議案が連邦政府に対して提出された。

これらを受けて、一九八〇年代のアメリカでは州ごとに司法制度が改革され、家庭内における虐待や暴力についても、パブリックな市民社会での事件と同様に、加害者を警察が逮捕できるようになった。警察官による暴力の発見、逮捕・拘留・裁判の流れにおいて、暴力の程度が比較的軽く更生の見込みがあると裁判官が判断すれば、刑罰に代わる更生プログラムの受講が命令される。このシステムをダイバージョンと呼ぶ。

ＤＶ加害者更生プログラム（Batterer Intervention Program　以下ＢＩＰと略す）は、加害者を逮捕できる刑事司法制度、ＤＶの被害者支援運動（シェルター開設）、地域のネットワークなどに支えられて、初めてその効果を発揮する。わが国ではすでに述べたように、加害者は被害者の告訴によらなければ犯罪者とされないのが現状だ。東アジアの韓国や台湾でもＤＶは犯罪であるとされ、加害者更生プログラムを限定的ながら導入している。

そして日本では

二〇〇三年、内閣府は「配偶者からの暴力の加害者更生に関する調査研究」を実施し、研究班のメンバーがアメリカ、カナダを視察した。私もその一員としてカナダのオンタリオ州を訪れ、ＤＶに特化された裁判所や実際にＢＩＰなどを見学する機会を得た。内閣府男女共同参画局の報告書「配偶者からの暴力の加害者更生に関する調査研究」（二〇〇四年七月）にその詳細を分担執筆したので、関心のあるかたは参照していただきたい。

以上を受けて、内閣府は加害者プログラムに必要な「満たすべき基準」を発表したが、現実にプログラムを実施する体制づくりに対しては、内閣府も法務省もいまだに消極的なままである。その背後には前述のような民事不介入を旨とする法制度があることはいうまでもない。現在でも公的なＤＶ加害者更生プログラムは存在しないままであり、民間レベルのプログラムがいくつか存在するが、その基本的立場や方法論にはばらつきがある。

内閣府は東京と千葉で加害者プログラムを試行的に実施し、その一員として私も実際にプログラムにかかわった。その後、実施に携わった臨床家たちでＲＲＰ研究会を立ち上げ、二〇〇七年一二月に研究会はＮＰＯ法人化された。

プログラムの柱を確認し続けること

ＤＶ加害者更生プログラム、ＢＩＰの目的は何だろう。このシンプルな問いがもっとも重要だ。一般的にカウンセリング、精神療法、グループ・カウンセリングなどは、言うまでもなく参加者のために実施される。治療は目の前の患者のために行われ、心理的援助も目の前のクライエントのために実施される。ところがＢＩＰは「被害者のために」「被害者の安全確保のために」実施されるのだ。目の前にいるプログラム参加者の背後に存在する妻（パートナー）こそ、真のクライエントであるという構造が、ＢＩＰ実施のもっとも大きな柱である。

一九七〇年代に芽吹いたＤＶ被害者女性救済のための運動がＢＩＰを生み出したことを絶えず想起する必要がある。しかし実際にプログラムにかかわっていると、しばしばこの原点ともいうべき柱がぐらついてしまう。専門的トレーニングを受けた援助者ほど、目の前の男性と背後に存在する被害者という二重性を扱うのが困難になるだろう。しかしこの二重性は、彼らを軽視したり極悪非道な人として扱うことにはつながらない。ＤＶという彼らの暴力行為は否定されるべきだが、彼らの人格や存在そのものを否定することが目的ではないからだ。

藤岡淳子（大阪大学大学院教授）はこのような構造について、「二重の責任性」と名づけている。臨床家として、プログラム参加男性を尊重する責任をもつことと、彼らを変化させ被害に遭った女性の安全を確保する責任をもつことの二重性を、言いあらわしていると思う。

それはまるで軽業にも似た困難な作業に思えるが、男女二人のペアによるファシリテーター（司会者）チームによって初めて可能になるものだ。カナダにおけるＢＩＰ実施の基準には、司会は男女二人のペアで実施することが定められている。私たちの研究会でも男女ペアでプログラムを実践していることはいうまでもない。その理由は、一つには、被害者である女性の視点が生かされるために、二つには、男女の対等な関係性を示すために、である。参加者が女性ファシリテーターに対して、男性ファシリテーターに対するのとは異なる態度（時に蔑視的）をとる場合もあり、それをプログラムで取り上げることは彼らを変化させるのに役立つ。また女性ファシリテーターがパートナーの視点からの発言を行うことで、そこに存在しない被害者の視点を代弁することもできる。何より彼らの面前で二人のファシリテーターが対等に話し合い協力する態度を示すことは、具体的なモデルとしての男女の関係性を提示することになるだろう。

被害者との連絡

私の担当するＤＶ被害者のグループ・カウンセリングの参加者の中には、夫が加害者プログラムに参加している人もいる。被害者と加害者（妻と夫）双方にかかわっていると見えてくるものが数多くある。彼らは加害者プログラムでは暴力のすべてを語るわけではないこと、彼らの想定する妻への影響と妻の感じている被害のそれは雲泥の差があること、などである。何より印象的なことは、妻たちは冷静に仔細に夫を観察しているのに対し、夫は、一人の人間としてというより、まるで自分の命令を遂行する駒の一つとしてしか妻をとらえていないことだ。

ＲＲＰ研究会では必ず「パートナーへの説明会」を実施し、プログラムの内容を伝え、彼女たちからの質問に答えるようにしている。彼女たちが安心感を得て、プログラム実施者への信頼を築くためには必須のことである。プログラムの陰の主人公であるパートナーとの連絡や接触によって、初めて見えてくるものは実に大きい。現在日本で実施されているＤＶ加害者プログラムで、この点を明確にしたものは少ない。彼女たち被害者が「わたしたちのために実施されるプログラムだ」と感じられなければ、たんに加害者の癒しの場になってしまうかもしれない。しかしそれでは意味がないだろう。カナダやアメリカでは、ＤＶ被害者支援を十分経験した援助者が加害者プログラムに携わることを勧めている。二重の責任を遂行するには、被害者の実態、被害者の苦しみや恐怖、加害者の行為による影響の深刻さを熟知することが何より重要なのだ。

二〇〇四年以来研究会のメンバーで協力してプログラムを実施しながら、さまざまな現実の困難に遭遇してきた。私たちは絶えず多くの応用問題への対処を迫られているが、次にできるだけ具体的にそれらを示してみたい。

＊　本書では、「更生」という言葉を欧米のように刑法によって犯罪化されている場合に限って用いている。日本ではＤＶは犯罪化されていないので、内閣府の表現も「加害者向けプログラム」であり、更生とは呼んでいない。私たちが現在実施しているプログラムは、「ＤＶ教育プログラム・男性版」が正式名称だが、ＤＶにかかわっている多くの援助者・専門家のあいだでは「ＤＶ加害者プログラム」と呼ぶのが通例となっている。

加害者は変われるか？ 2

歓迎されないプログラム

加害者ということばは、やはりどうしても好きになれない。いまさらこんなことを書いてどうするのかと言われそうだが、カガイシャという響きから受ける、心がざらつくような感覚は拭えないままだ。

ＤＶ加害者プログラムにかかわってからかなりの時間が経ったが、今でも深い山奥の細い一本道を踏ん張って登っているような気分に襲われることがある。妻を殴りことばで貶めても、日本ではそれだけでは犯罪とはみなされない。日本の刑法が大きく転換しない限り、一歩家庭に入れば、そこは「人権」ということばが通用しない世界になっているのだ。隣の奥さんを殴ってはいけないように、妻を殴ることも法で禁じられるようになれば、前に述べたようなダイバージョン・システムがただちに構築されるだろう。そして、刑罰代替としてのＤＶ加害者更生プログラムが実施されるだろう。

ところが、現在私たちが実施しているのは、法的強制力が行使されない中でのＤＶ加害者プログラムである。法整備の欠如が大きなネックになっているのに、ＤＶ加害者プログラムを現状のままで実施することに対して、一部の人たちからは懸念する意見もある。

中途半端な知識は危険か？

その主張はこうだ。

「彼らがプログラムに参加して、直接的な暴力をふるわなくなったとしても、もっと巧妙に妻を支配するようになるかもしれない。時には、プログラムに参加してやっているんだ、と恩に着せて、妻からの反論を封じることもあるだろう。中途半端な知識を彼らが身につけることはむしろ危険性を高める。それにＤＶ加害者プログラムの効果は証明されていない。そんな不備な状況の中でプログラム実施に予算をかけるより、被害者のためのシェルターや、被害者への生活支援や支援員の充実を図るほうがずっと現実的で効果があるだろう。何より、DVは犯罪であることを法的にはっきりさせる運動のほうが先決だ」

もっともな主張だし、正論そのものだ。しかし、そうとすれば、DV＝犯罪の法整備が実現されるまでは、加害者に対して保護命令だけの対処しかできないことになる。たとえDVは犯罪であるとされても、加害者が刑務所に入ればDVが止まるというわけではないだろう。むしろどんな状況であれ、諸外国で練りに練られた加害者プログラムを導入し、可能な形で先行的に実践を始めることに意味があるだろう。

私がカウンセリングで出会うDV被害者たちの現状を考えても、子どもが受験期だからできれば別れたくないなどと考える女性も多い。夫から逃げて別れることが多大なリスクを生むのなら、逡巡するのは当然だろう。迷い、決定できない彼女たちを責めることはできない。現状のままでは苦しいが、かといって家を出ることのリスクも大きい。そんな彼女たちに、もうひとつの選択肢、夫の加害者プログラム参加を提示することはできないだろうか。

地方自治体におけるDV相談担当者が、「夫の暴力は止まりませんよ、だから逃げるしかないんです」といった短絡的なアドバイスに終始していた時代もあった。中には、逃げる覚悟のない女性を責めたり、共依存だと批判する援助者もいた。最近、ネット上で、トミオさんのように突然自分の妻が逃げてしまった男性たちのサイトを見かける。彼らはＤＶ相談員が妻を洗脳したのであり、自分たちは被害者だと主張している。その是非はさておき、強引な別居や離婚への方向付けが、すべてのＤＶ被害者に有効というわけでもない。やはり最終的には、当事者の自己決定と意思を尊重する必要があるだろう。少なくとも私はカウンセリングでそうしている。その際に、あきらめて同居を続けるか、逃げて別れるかの二つに加えて、加害者プログラム参加を勧めるという第三の選択肢を付け加えている。「夫にどうなって欲しいですか」と尋ねると、ほとんどの女性が「たぶん無理だと思いますが」と前置きをして、「まるっきり人間を変えろとはいいませんが、あの暴力（暴言）をやめてほしい」という。「そのためにも、ぜひ夫には加害者プログラムに参加してほしい」と。

「妻命令」の発動

どういうきっかけで彼らはプログラム参加に踏み切るのだろう。答えは簡単だ。このままでは妻を失うかもしれないという危機感によってである。Ａさんは、精神科病院の開放病棟に入院し（これを避難入院と呼んでいる）、そこから夫に手紙を出した。その内容は前述の「置手紙法」の文面とほぼ同じである。Bさんは、子どもを連れて実家にもどり、夫に対して「あなたの行動はDVだ、なんとかしてほしい」とケータイのメールで伝えた。Cさんは、夫に殴られて左手の上腕部が動かなくなった。薄黒いあざを写メールに撮り医師の診断書を貰い、「警察に訴えようと思うが、あなたがDV加害者プログラムに出てくれれば思い直す」と、夫が会社に出かける間際に玄関で通告した。妻たちの練りに練られた決死の行動によって、彼らは妻が目の前からいなくなるかも知れないという危機感におそわれる。Dさんは一年近く別居していたが、夫からの再同居の提案を受け、まずDV加害者プログラムに参加してほしいと要求した。このように、夫との関係修復に際しての見きわめの機会として、加害者プログラム参加を要求する場合もある。彼女たちはカウンセリングをとおして、このように第三の選択肢を選んだのだ。

妻と離婚後に「自分の行動をもう一度見つめなおしてみたい」と自発的にプログラム参加を希望する男性がいないわけではないが、参加者の九割がたは、このような間接的・直接的な「妻命令」によって参加を決意している。

とにかく席に座り続けること

わたしたちがモデルにしているカナダBC州のDV加害者更生プログラムでは、「Keep him in the seat」が合言葉になっている。どこから入ろうと、何を考えていようと、とにかく彼らを席に座らせ続けることが大切だという意味だ。DVが犯罪とされていない日本では、裁判所命令は無理にしても、それに代わる妻命令を発動させ、彼らを席に座らせることは可能である。

DV加害者プログラムと性犯罪者処遇プログラム、そして薬物依存症の再発防止プログラムはいずれも類似の構造をもっている。ともに半強制的に参加を開始し、動機が低い段階から徐々に動機を高めて、参加者の変化を実現するプロセスが精緻に組み立てられている点だ。これらの方法は「動機付け面接＝Motivational Interviewing」（MIと略す）などと呼ばれ、一九九〇年代に入り北米では広く用いられるようになった。

動機の「ある・なし」という単純な二項対立的判断を行わず、動機付けのレベルを五段階に分けて、細かい変化のプロセスをていねいにつくりあげていくのだ。DV加害者プログラムのファシリテーター（司会者）は、彼らが時間を守って足を運んできたこと、今ここで席に座っていることを評価するところから、プログラムを始める。

暴力は否定するが、人格は尊重する

ファシリテーターの、プログラムにおける姿勢には独特のものを必要とする。臨床心理学や精神医学のトレーニングを受けた専門家ほど、当初はなじめないものを感じるかもしれない。前に述べた「二重の責任」を背負っているので、目の前の参加者を対象としながら、同時に不在のパートナーの視線を感じつつ、プログラムを運営する必要があるからだ。

プログラムは、集団精神療法のような円形に座るスタイルではなく、参加者が半円形になりホワイトボードを囲み、中心に男女二名のファシリテーターが立ち、その日用意した資料を参考にしながら学習を進行させるという形式をとる。これは「認知行動療法」に基づいた方法である。

ウイークデイの夜二時間（週一回）×一二回で一クールとしているが、正直なところ、不十分な長さだと考えている。カナダやアメリカでは、長いプログラムだと一年間、短くても約半年間を一クールとしている。毎回の流れは、一週間の報告（パートナーとの関係を基本として）⇩前回の宿題の発表（毎週宿題を出す）⇩今日のテーマについての学習（資料を使う）⇩感想、をベースにしている。参加者（平均五・五人）全員に発表してもらうので、フルに実施すると二時間を超えてしまうことも多い。時には、ロールプレイ（役割演技）を取り入れたりもする。扱うテーマは、「暴力とは何か」「暴力の影響」「感情に気づく」「責任をとること」「子どもへの影響」などである。

全体をとおして流れるものは、彼らが参加していることを評価し、変化を認めて伸ばしていくという肯定的な雰囲気である。処罰的にならず、否定せず、彼らが望むこと（パートナーともう一度やり直したい）に近づけるように協力していくという姿勢を貫くのだ。こうやって文字にするのは容易だが、実際の運営は非常に困難である。彼らの発言に抵抗感を感じることは多く、時には彼らから私たちに反論が出る場合もある。裁判所命令ではないので、彼らをグループ・カウンセリングに拘束する強制力はない。グループに来なくなれば、妻への悪影響も懸念される。そんな中で、被害者支援のためという原則を曲げず、なおかつ彼らをグループに引きつけ、しかも迎合しないでいることは、まるで駱駝が針の穴を通るようだと思うこともある。

ファシリテーターとして、私がいつも自分に言い聞かせているのは「彼らの暴力は否定しても、彼らの人格は尊重する」というフレーズだ。これによってかろうじて私は、ファシリテーターとしての役割を遂行できているのだと思う。

「正義の闘争」としてのDV

どこにでもいそうな人たち

私がDV加害者プログラムにかかわってから三年余りが過ぎたが、ここで私の感想をいくつか述べたい。DV加害者というと、極悪非道な怖そうな男性ばかりという先入観をもたれるかもしれないが、実際は違う。カナダやアメリカのように裁判所命令でプログラムに参加しているわけではなく、妻命令か、もしくは自発的参加（多くは別居している妻をとりもどすため）であるため、彼らはそろって紳士的でソフトだ。年齢も二十代から六十代までバラエティに富んでいる。定年退職後の人を除けば、皆仕事をしており、ネクタイ姿でやってくる人もいる。

DVにはさまざまなタイプがあり、加害者にもいくつかの類型があるが、プログラムで出会う男性たちは、凶器を持って妻を追いかけ、どこまでも追跡するような反社会的な行動はしていない。中には身体的ＤＶがまったくない人もいる。その点で、ごく当たり前のどこにでもいそうな男性たちだ。ＤＶの諸相を知る上でこのプログラムは、私にとって格好の機会になったと思う。

ステレオタイプ

彼らの語ることばからは、自分は権力と腕力をつかって無理無体に妻を従わせているのではない、むしろ正義の履行者であり、我が家を正しく導き、当然なされるべきことを要求しているだけだ、という主張が汲み取れる。わかりやすくするために三人の例を挙げる。

①――結婚当初に約束したんです。僕は毎日一生懸命働くから、君は家事をしっかりやってくれ、と。妻は承諾したのに、いつも部屋は汚いし、食事はまずい。暇がいっぱいあるはずなのに手抜きの料理ばかり食べさせられる。銀行振り込みを頼んでもしょっちゅう忘れる。会社から昼休みに毎日電話をかけて、家事をとどこおりなくやっているか、頼んでおいたことをちゃんと忘れないでいるか確認してました。

そんなこちらの身にもなってほしい。それなのに、妻はあやまったこともありません。約束を守るのは、人間として当然のことだと思いませんか。
②――妻の子育ての仕方は、なってません。いつもヒステリックに叱るばかりで、あれじゃ子どもがかわいそうですよ。落ち着いて言い聞かせればわかるのに、どうしてあんな言い方になっちゃうんでしょう。どれだけ説明しても、いっこうに直しません。つい怒鳴ったこともありましたよ。妻か僕かを選ばせれば、子どもたちは絶対僕のほうに付いてくるに違いありません。
③――女房はいつも自分勝手に物事を決める。少しは相談してくれてもいいだろうと思う。たとえば町内会の旅行のことだって、前日に突然言い出すんですから。一週間前に言ってくれれば、こっちの都合もつけられるのに、前日に言われたらどうしようもないでしょう。だから怒ることになるんです、「ものには順序っちゅうもんがあるだろ」って。

お読みになってわかるように、驚くほど彼らの発言は似通っている。ステレオタイプであり、妻を怒鳴る時の決まり文句が「お前が俺を怒らせる！」であることも、こわいほど共通している。

妻からすれば

このような夫の発言を、妻はどう受け止めているのだろう。それぞれの妻に登場してもらおう。

①――風邪を引いて寝込んでいるときも、育児や食事の用意を全然手伝ってくれず、ちょっと文句を言うと「言い訳するな」と怒鳴られるので、とにかく「ハイ、ハイ」って言われるままにしてました。子育てで忙しくて、時々夫に頼まれた用事を忘れることがありました。それを根にもっていて、子どもの父母会の集まりで帰宅が遅くなったら、玄関に仁王立ちになって、何も言わずに私を蹴ったんです。二階に逃げたら追いかけてきて、髪をつかんで引きずり回されました。それが一番ひどい暴力でした。とにかく夫が怖くてたまらず、びくびく機嫌をうかがって暮らしていました。

②――夫は自分の考えていることが一番正しいと思っているんです。子どもを叱るの

も私なりの理由があるんですけど、それを聞こうとはしません。どこが間違ってるか、どこがヘンかを延々と繰り返すんです。まるで逃げ道をひとつずつふさがれていくようで、最後は私がすべて間違っているという結論になるんです。ひたすらあやまって、反省ばかりしてました。そのうち不眠がひどくなって精神科を受診したら、夫は「やっぱりお前の頭がおかしいんだ」と言います。少しだけ反論したら、激怒されて「出て行け！」と怒鳴られ、それがきっかけになって思い切って子どもをつれて家を出たんです。

③——結婚当初から口数の少ない夫でした。殴ることはしませんでしたが、食卓をひっくり返すのは日常茶飯事でしたので、私も二人の子どももびくびくして夫を怒らせないようにしていました。町内会の旅行も、前もって言えば「誰の金で旅行に行くんだ」といやみを言われそうで、こわくてぎりぎりまで言い出せなかったんです。前日になっておずおずと言い出すと、「なんで黙ってたんだ」と怒られました。どうしたって、私が悪いことになるんです。黙っていても叱られ、話すと「生意気だ」と叱られる。今から思うと、あんな三〇年間をよく過ごせたものだと思います。

正義の基準は自分にある

夫たちの主張は、自分の言っていることは正しい↓自分の言うとおりにしない妻は間違っている↓だから怒るのは当然だ↓悪いのは妻だ、という順序で構築されている。そして、怒った結果の行動（殴る、怒鳴る、ものを投げる……）についてはあまり触れない。避けているというより、正義は自分であると確信しているので、暴力はしかたがなかったと正当化されるのだ。では正義の基準を決めているのは誰だろう。

言うまでもなく、それは彼らである。何が正しいかを決める力を「状況の定義権」と呼ぶが、彼らはそんな力をもっていると自覚してはいないだろう。たぶん、自明の「常識」にしたがっているだけなのだ。遡及的にたどっていくと、彼らの常識の根幹にある信念体系に行き着く。それは、何が正しいかは夫である自分が決める、それに妻は従うべきである、従わない妻に対する暴力は許される、という古色蒼然とした、家父長的な信念である。どれだけソフトな言い回しをしていようと、僕と君は対等だよね、とささやいていようと、状況の定義権の独占と暴力容認、そして男性の優位性を三本柱とした信念体系は、彼らの言動をたどれば明確になる。

対抗する正義はあるか

②の夫は、決して腕力を用いることなく、ことばによって妻を追い込んでいる。このように自分の言うことが正しく、そのとおりにできないお前が変で頭がおかしい、と言われ続ける女性は珍しくない。カウンセリングにやってくる妻（被害者）にまず伝えることは、そこにいたるまでのプロセスと、暴力という行為は分断されるべきだということである。彼女たちは深く納得する。どんな理由だろうと、どれほど彼らが怒っていようと、脅し、威嚇、暴力は否定されるべきなのだ。そして彼らの言う正義や、綿密に練り上げられた論法によっても、決して暴力を正当化できないことを繰り返し伝えていく。なぜなら、彼らの正義や怒りは、暴力以外の方法で主張されるべきであり、妻の反論を封じ、怖がらせ、人格を否定してまで主張されるべきではないからだ。同じ内容を夫（加害者）もプログラムで学習するのだが、彼らは妻とは逆の反応を示す。「自分たちも妻に苦しめられている。それを認めてほしい」と繰り返すのだ。

「正義をめぐる闘争」を回避するために

しかし、「主張されるべきではない」と述べることは、もう一つの正義の主張になりはしないだろうか。

正しいか間違っているかという正誤のパラダイムで主張することは、彼らの主張と同じ土俵に乗ることになるだろう。それを防ぐためにも、ＤＶ被害者への援助は、正邪、正誤といった二項対立的パラダイムを超える必要がある。

最も個人的な関係における暴力の問題は、対極にある国家間における国際政治を範とすることで実にクリアに理解できる。たとえば、「９・11」以降のアメリカの対応を振り返ってみよう。ブッシュのイラク侵攻は「テロを許さない」「正義の戦い」をスローガンとして実行された。ところが、イラクの状況は現在に至るまで混迷が深まるばかりだ。正義のための戦いがしばしば泥沼に陥ってしまうことを、歴史は私たちに教えてくれる。

妻（被害者）が夫の暴力に怯えて暮らすことは、安心して暮らせる最低限の権利が妻に保障されていないことだ。イラクの人たちと同様、それは彼女たちの「人権」が侵されているのだ、と思う。大仰で見当違いと感じられるかもしれないが、ＤＶの被害者に対しても、正邪ではなく、彼女たちの人権をどのように尊重するかを基点として考えたい。

ＤＶの被害者が「私が正しい、夫が間違っている」と主張することは、通過点としては必要だ。彼女たちが自信を取り戻し、自己主張できる根拠をつくるために、それは欠かせない契機だ。しかし、最終的には、いかなる理由があろうと暴力を受けないという点、つまり非暴力に向けて、彼女たちの主張を集約していくことが必要だろう。正邪のパラダイムを超えるために、必要なもう一つの視点は「非暴力」である。

私たちが生きる世界は、私的領域（家族）・市民社会・国家の三つに分けることができる。私的領域における暴力防止に必要な「人権尊重」と「非暴力」という概念は、国際社会での紛争抑止のキーワードでもある。愛情や思いやりといった心理的・情緒的なことばではなく、政治のことばが登場しなければ、ＤＶはなくならない。これはとりもなおさず、夫婦の関係は政治的（ポリティカル）であることを表しているのではないだろうか。

加害者は被害者意識に満ちている

グループ・カウンセリング

カウンセリングには一対一の個人カウンセリング（個人心理療法）と、グループ・カウンセリング（集団心理療法）がある。カウンセリングといえば一般的には前者を指す。私の場合、個人カウンセリングはもちろんだが、多いときで週に四つのグループ・カウンセリングを実施している。原宿カウンセリングセンターにはミーティングルームがあり、そこがグループ・カウンセリング実施場所になっている。

ある舞台俳優が、袖から舞台に出た瞬間に感じる「何か」がたまらない魅力だと語るのを聞いたことがある。劇場を埋め尽くした観客からいっせいに見つめられた時に生まれる交歓が、俳優に想像を超える力を与えるのだろうか。サッカーや野球の選手たちも、競技場で応援する観客の発する何かによって動かされるのかもしれない。グループ・カウンセリングも似たようなところがある。部屋に入って、グループの中心に私が座った瞬間に「何か」を感じる。時にはパワーをもらえると感じることもあるが、多くはその逆だ。目の前のひとたちから奪われそうになり、それに抗するように私の中から放出される「何か」。たぶんそれは、俳優の場合と似通った、想像を超える力なのかもしれない。しかもその交歓は一瞬のうちに行われる。それがグループ・カウンセリングの力なのだろう。さてＤＶ加害者プログラムの場合、開始前の瞬間、参加者の前に座る私が受ける視線はそれほど心地よいものではない。そこに漂っているのは、「どうして自分がここに参加しなければならないのか」という、ことばにならない深い被害者意識である。そして、かすかな敵意と抵抗である。

デジャヴ

ＤＶ加害者プログラムに初めて参加したとき、緊張とともにどこか懐かしい感じを覚えた。それはデジャヴの感覚だった。私は二十代後半からずっと、精神病院でアルコール依存症者の集団精神療法にかかわってきたが、そのときの感覚と重なったのだ。「どうして俺がこんな病院に入院しなければならないのか」「早く退院させてくれ」「女房に謀られたに違いない」、彼らはことばに出して口々に文句を言った。そんな彼らの中で仕事をするのは、正直言ってかなりのエネルギーと度胸が要求された。私の臨床経験はそこからスタートしたのだが、長い年月を経て、再びこのようなかたちで、それが役に立つときが来ようとは思ってもいなかった。

妻のせいで来させられた、本当に悪いのは自分ではなく妻である、むしろ自分こそ被害者である……DV加害者プログラムに参加している彼らが無言のうちに発しているのは、そのような被害者意識と、それを承認してほしいという要求である。

通常の臨床心理学、精神医学は、クライエントや患者は苦しみ、病んでおり、それを援助・治療するのが目的であるというシンプルな援助観に立脚している。ところがアルコール依存症に代表される嗜癖《しへき》（アディクション）は、困って相談にくるのは周囲の家族であり本人はなかなかやってこないという特徴がある。当事者が自発的でなく治療意欲をもたないことは、犯罪者を対象とする司法領域と共通している。私の感じたデジャヴは、アディクションと犯罪の類似点によるものだったのだ。

もう一つの被害者性

プログラムにおいて扱うべき彼らの被害者性は、妻からの被害者性と並んでもう一つある。それは彼らが親から受けた被害についてである。一九七〇年代末にアメリカで生まれたDV加害者更生プログラムは、この点をめぐって試行錯誤を繰り返してきた。先進国であるアメリカやカナダのプログラムについて学ぶと、加害者における被害者性の扱い方に苦慮してきたことが、手に取るようにわかる。

通常のカウンセリングでは、クライエントの被害者性を扱い傷つきを承認していくことはむしろ推奨される。彼らもかわいそうな親からの被害者だという理解を共有することで、カウンセラーとクライエントの関係は強化される。しかし、彼らを加害者と規定した場合も、それでいいのだろうか。

カナダのトロントで、DV加害者更生プログラムを実際に見学したときの経験は、大きなヒントを与えてくれた。そのときのテーマは「親のDVが子どもに与える影響」だったが、彼らは自分の子どもへの影響ではなく、自分が父親の暴力でどれほど傷つけられたかの発言に終始していた。彼らは燃えるような怒りに包まれて、妻子への加害者としてでなく、親からの被害者としてそこに座っていた。終了後に担当者からの説明を受けたが、プログラムの終了間際でしかこのテーマを扱うことはできないとのことだった。彼らの親への怒りが誘発され、自分がこうなったのも親のせいだという新たな責任転嫁が起きることは、妻に対する加害者意識の醸成を阻害するからだろう。親からの虐待被害に対して彼らはイノセントであるが、プログラムでそれを許容されることは、その足で自宅に帰った後に妻への暴力再発につながる危険性もある。自分の被害者性が承認されることは彼らの正当性とイノセンスを意味し、おそらくこれまでの人生で初めての経験だったからこそ、激しい怒りや高揚感を生み出す。それが暴力へと転化することは不思議ではないが、DV加害者プログラムの目的からは本末転倒であることは間違いない。

しかし、被害者性を扱うことの意味は長期的にみれば大きい。彼らが自らの被害者性（親からの）に気づき、それを他者から承認されれば、親（加害者）への怒りを覚えるだろう。激しい怒りと共に、忘れていた過去の痛みも想起されるだろう。彼らが忘れていた苦痛を再体験することで、自分が他者に対して与えた痛みへの共感も生まれる。痛みを痛みとして感じなければ、他者の痛みを想像できないからだ。それは被害者への共感にほかならない。被害者の苦痛をわがことのように感じることで、自らの加害を自覚する。このようにして、彼らの加害者性は構築される。

パートナーはそれが待てない

被害者性を自覚し同時に他者によってそれを承認されることで、初めて自らの加害者性が構築されること。ここにいたるプロセスは、一種の宗教的回心にも近い苦痛を伴う人生観の深い転換である。しかし彼ら全員がこの目標を達成できるだろうか。むしろ北米の数々のプログラムで示唆されているように、妻への暴力の再発というリスクをはらむ危険性のほうが高いだろう。妻たちは、とりあえず安心して暮らせること、日々暴力や暴言に怯えないで暮らせることを何より望んでいるのだ。それが同居している彼女たちの、正直でつつましやかな願いなのだ。かりに深い転換が得られるとしても、それまでの何の安全の保障もない長い時間を、パートナーは座して待つことができないのだ。

彼らの被害者性を火にたとえることができる。エネルギーにもなれば、人を焼き尽くすこともあるのだ。このような両価性を知悉したうえで、加害者プログラムでは被害者性を扱わなければならない。これまでに心理療法やカウンセリングに精通している人ほど、彼らの被害者性を扱いたいという欲望に駆られてしまうだろう。しかし、その危険性を強調したい。

父親を赦し、母親を求める

実際に、プログラム参加者の多くが親からの虐待被害を受けていたり、父のＤＶを目撃している。たとえば、父親から水を張った風呂の中に顔を突っ込まれた、父親にいつも競馬に連れていかれ、近くの公園で放置されていた、父親が母親を殴る光景を日常的に見ていた、などだ。参加者の反応は大きく二つに分かれる。ここぞとばかりに、父親をののしり、親ではないと断定する人と、「父親の行為を虐待とは言えない」「今ではもう父親を恨んでなんかいない」という人だ。後者がかなり多いことは、カナダの場合を考えると意外に思われた。これが日本のＤＶ加害者の特徴かも知れないと思っている。彼らは同性の親である父を、どこかかわいそうだと思っており、たしかにひどいことをされたが、暴力と言い切ることにはためらいを持っている。そのぶんだけ、母親への怒りを感じており、母が父を挑発しなければよかったのにとも考えている。

ここから、父の暴力への肯定が妻への暴力肯定につながっている、父から受けた暴力が妻への暴力へと連鎖している、といった短絡的な結論を出せればどれほど楽だろう。読者の方たちもすっきりされるかもしれない。しかし、現実をわかりやすく裁断してしまえば、必ずそこには余剰や残余が生まれる。私は、できるだけその残余、割り切れなさの部分に注目し、結論めいたものは保留したまましばらくはその不透明さを抱えていきたいと思っている。

実は、父親の暴力をどうとらえているかということより、彼らが妻の立場に立つこと、妻の気持ちを推し測ることのほうが重要なのだ。ある人は、妻がどう感じているかなどと考えたことがありませんでした、と語った。自分の言ったことが受け入れられるかどうかばかりが大切で、言われた妻がどう感じるかは関心の外だった。プログラムに参加して初めてそれに気づき、そんな自分に驚いたという。彼らにとって妻は、自分の思い通りになる存在であり、どんな自分であっても受け入れてくれる存在（であるべき）なのだ。「妻のせいで……」「妻は……してくれない」と語ることばを聞きながら、彼らはどこかで、夢見ていた「母」を求めているのではないだろうかと思った。その「母」は、敬愛の対象ではなく、やんちゃで無法なことも受け入れてくれる存在である。自分の父をどこかで赦しながら、妻に対しては踏みつけ貶められても耐える「母」を求め続ける彼らは、世間一般にどこにでもいそうな男性たちである。

第四章　性犯罪

語られない被害

隠された被害

一九九五年一月一七日の阪神淡路大震災から十余年が過ぎようとしている。しかしいまだにその記憶は風化してはいない。当時神戸に住んでいた人たちはもちろん、テレビの画面で惨状を目の当たりにした人たちにとっても、昨日まで確かに存在していた現実が一瞬で崩壊してしまったという事実は、計り知れない影響を与えただろう。精神医学や臨床心理学において、「被害者」を支援することが大きな課題として浮上するきっかけが、あの震災だった。今では日常語と化したトラウマやＰＴＳＤ（心的外傷後ストレス障害）が、広範な人々に共有されるきっかけにもなった。被災者たちの多くは避難所で暮らし、復興に向けて自治会をつくった。私もニュースを知って、とるものもとりあえず神戸に行き、地元の臨床心理士と協力して、東灘の小学校の避難所に一週間通った。その間、傾いた建物を日常的に見ていることで、知らないうちに平衡感覚がおかしくなってしまう経験もした。タレントの藤原紀香が挙式した生田神社も、当時は柱が折れてぺしゃんこに潰れてしまっていたが、その光景がそれほど衝撃と感じられないほど周囲の破壊は凄まじかった。夜間の避難所で、アルコール依存症について説明したり夜間集会に参加することが、私にできたわずかながらの支援だった。海外のメディアは、神戸では大きな災害時にはよくある暴動や混乱が少なかったことを称えたという。しかし、マスメディアでは取り上げられなかった隠された被害がある。ライフラインの停止した神戸の町で起きていた、レイプやレイプ未遂の数々である。

そのことを私が知ったのは、震災後一二年が過ぎた二〇〇七年になってからだ。ある講演会場で、講演を終えた私に近寄ってきた女性がいた。それはＤＶや性暴力をテーマにした講演会で、参加者は圧倒的に女性が多かった。彼女はある資料を私に示し、ぜひ読んでほしいと言った。神戸に住む彼女の友人Ｈさんが、そこに書かれている事実を「ぜひ信田さんに書いてほしい」と託したという。少しばかり光栄に感じた私は、帰宅後さっそく資料に目をとおしたが、あまりのなまなましい内容に驚いてしまった。

セカンドレイプ

Hさんは、もともと企業研修やカルチャー講座を担当する仕事に就いていたが、神戸で自身も被災したことをきっかけに、震災の一カ月後の二月一七日から電話相談を開始した。三月に入ってさまざまな性暴力の相談が増えてきた。多くはレイプ未遂であり、中にはレイプされたという相談もあったという。

街の中は瓦礫でいっぱいで、街灯もついていない。暗い道を若い女性が通るのは危険だということで、Hさんは電話相談の記録をもって警察に行き、街灯をつけてほしい、パトロールを強化してほしいと依頼したが、警察官は「そんな話はデマだ。警察に被害届は出ていない」とにべもなく断られたという。

電話相談で、多くの被害女性は、警察官も男性だし、自分の被害を語る勇気もない、話したところで信じてもらえるかどうかわからないから届け出なかった、と語ったらしい。レイプ被害者は二度レイプされる、ということばがある。恥をしのんで思い切って語った相手から、そんな話は信じられない、あなたにも隙があったのだと言われること、これをセカンドレイプという。こんな経験をした人は、二度と他人にその経験を話すまいと決心し、死ぬまで記憶を封印して生きようとするだろう。警官が語ったように、当時、神戸の警察にレイプ（未遂）の被害届が少なかったことは事実かもしれない。しかしそれが被害の実態をそのまま表しているわけではないのだ。

　多くの性犯罪は、出来心によるものであり、衝動的に起きると考えられているが、それは誤解だ。あらゆる性犯罪は、計画的に仕組まれて実行される。神戸での性犯罪の多くが緻密に計画されたものだったことはいうまでもない。

被災者の弱みにつけこむ

　Hさんの資料から具体例をいくつか挙げてみる。ボランティア風の格好をした若い男性三、四人が、ワゴン車に乗って夜の神戸の街を歩いている若い女性二人に声を掛け、「お風呂困ってませんか、僕たちはお風呂に連れて行くボランティアをしてるんです」と明るく誘って車に連れ込む。「どこのお風呂に連れて行ってくれるんですか」と聞くと「芦屋から有馬にぬける芦《ろ》有《ゆう》道路のほうにある」と言うので、彼女たちはすっかり信じた。周囲に人家がなくなったところで車を停めた彼らは、突然襲い掛かった。レイプをされそうになったので、その女性たちは二人で助け合って大声を挙げ、なんとか逃げ出すことに成功した。それに類した電話が何件もかかってきたので、被害者はかなり多いのではないだろうかとHさんは考えている。犯人は同一の集団か、それとも同じ手口で女性をだます男性グループがいくつも存在したのかもしれない。車のナンバーを覚えていた女性もいたが、信じてもらえないのではないか、男性である警察官には話せないと、いずれも警察には届けていなかった。

もともとフリーターだった女性たちの多くは、震災で仕事を失ってしまった。途方にくれた彼女たちは、仕事を探すために求人の貼紙を見ては電話を掛けた。「アルバイト募集」「職あります」というビラの中にはケータイ番号しか書いてないものもあった。電話をすると「面接に来てください」といわれたので指定の場所に行ったが、それは会社とは思えない場所だった。そこでは中年男性が一人で面接をし、終わると同時に体に触られ、レイプをされそうになった。なんとか逃げたがショックは大きかった。思いきって友人に打ち明け、付き添ってもらって抗議と確認のために再度その場所を訪れると、そのビルには立ち入り禁止の貼紙がしてあった。類似の訴えをする女性が何人もいたという。これなどは、震災のために立ち退きを命じられて空きビルになった部屋を悪用した性犯罪の例だ。

ある少女

小学校のころに両親が交通事故で亡くなったために、姉と祖母の三人暮らしをしていた一七歳の少女がいた。祖母は倒壊した建物の下敷きになって亡くなり、姉妹二人が取り残された。自宅は全壊したため、やむをえず避難所に入った。その後自宅のエリア全部が取り壊されることになったため、少女の姉は自宅に残っているかもしれないアルバムだけは欲しいと思い、取りに行くことにした。「ついていこうか」という妹に対し、姉は「危ないからついてこなくていいよ」と言い残して自宅に向かった。ところが夜になっても帰ってこない。心配した彼女は、避難所のボランティアの人に告げて付き添ってもらい、自宅まで戻ってみた。そこで彼女が目にしたのは、壊れた家の中で、レイプされた末に自殺した姉の姿だった。

周囲の人たちは、たった一人取り残された少女への影響を考えたのだろう。結果としてそれをレイプ事件としては警察に届けなかった。そして彼女の姉の死は、震災関連の自殺として処理をされた。

Hさんは、力になれる自信をもてないながらも残された少女のもとに会いに行き、時間をかけて信頼関係をつくっていった。少しずつ元気をとり戻したと思えたところで二人の関係は切れた。少女がその後の人生をどのように送っているのかを考えると、地震の残した爪あとは、建物が復興しても決して消えることはないと思わされる。

それ以外にも、瓦礫処理の現場に連れ込まれてレイプされた女性、仮設住宅を訪問した際に身体を触られた女性ボランティアの例は多い。中には、母親が震災で死亡し、父と二人暮らしになった女子高生に対して、父親が性的虐待をする例もあった。

彼らを駆り立てるもの

もちろん地震の災害とは関係なく、性犯罪は数多く起こっている。しかし、Hさんの資料を見ていると、大震災のようなカタストロフィによってもたらされる不安と恐怖が、彼ら男性を性犯罪に駆り立てていることが一層明らかになる。性欲や性衝動から性犯罪が起きるというのは俗説に過ぎない。むしろ、対象者に対する優越や支配力、強さの主張といったさまざまな欲求の複合によって生じるのであり、性欲や性衝動はそのうちの一つに過ぎないのだ。震災による大きな衝撃、非日常的空間の出現、圧倒されるような恐怖と不安は、女性（時には少年も）を性的に蹂躙《じゅうりん》し支配しつくしたいという欲求をもたらすのだろうか。女性を犯すことで、彼らは瞬間的にパワーを獲得し、震災による被害の現実から一時的に逃れることができたのだろうか。同じ被災者でありながら、そこにおいても女性が犠牲になるという現実に、私は胸がふさがれる思いがした。

Hさんの電話相談の集計によれば、一九九五年二月から一二月までの一一ヵ月間で、レイプ（未遂）についての相談件数は四一件にのぼった。おそらくこれは氷山の一角にすぎないだろう。大きな災害発生時に、人は弱き者として他者と助け合う。神戸でそんな姿をいくつも見ることができた。しかし、暗闇で、瓦礫の下で、多くの男性が女性に対して性的暴力を行使していたという現実もまた忘れてはならない。戦争や災害、そして家族内のDVや虐待の被害を語るとき、性的被害だけはなぜかためらいがちになる。そして、ともすればなかったことにされて、忘れられ消されていく。それは被害者を否定し、消去するに等しい。阪神淡路大震災から一二年経った今、改めて被災地神戸で起きた性犯罪の数々の事実を、読者の皆さんの記憶にとどめていただきたいと、切に願う。

目の前の存在は人ではないのか？

他者をみつめる行為は、自分も他者からみつめられるという相互性を必ずしも前提としているわけではない。他者から自分に対するまなざしを遮断し、あたかも小さな穴から覗いて対象をみつめる、もしくはマジックミラーのこちらから一方的に見るような、非対称性に満ちた視線もある。また、対象が自分を見ることを最初から想定していない視線もある。遠方ならまだしも、すぐ目の前の対象をこのようにあつかうには、いったいどうしたら可能なのだろう。それは対象である存在が、自分と同等の意識を持ち、自分と同様な視線の持ち主であるとはとらえないからだ。「自分が人であるように対象も人である」、このシンプルさがそこにはまったくない。言い換えれば「他者性」の不在であり、もっとわかりやすく言えば「人を人ともおもわない」ということだ。

たとえばこのような関係性は、男女関係における性にまつわるいくつかの場面で明らかになる。男性がソープなどの風俗で女性を選ぶとき、階段を上る女子高校生の制服のスカートの下にケータイを差し込むとき、満員電車で痴漢をするとき、などである。窃視（のぞき）などは、もっともわかりやすい行為だ。

満員電車はハーレムか？

痴漢の常習で逮捕・拘留され、被害者と示談が成立したり、罰金刑をうけたりする男性たちがいる。また拘置所に送られ、裁判の結果執行猶予になる男性たちもいる。このように刑務所に行くことを免れた性犯罪者たちの一部が、カウンセリングに訪れるようになった。年々その数は増えている。後述する「性犯罪者処遇プログラム」が実施されるようになったことも大きい。

彼らはどのようにして痴漢の対象を選ぶのか、どうやって近づくのか、痴漢行為の最中何を考えているのか（いないのか）、どの程度性的満足を得られるのか。これらは女性である私にとってずっと謎であった。私自身も電車の中で痴漢にあったことは何度もある。痴漢は間違いなく性犯罪なのだから、私も性犯罪による被害者だ。電車通勤・通学をしている女性で、痴漢被害の経験のない女性のほうが珍しいのかもしれない。全国調査がもし可能ならば、露出、のぞき、痴漢、下着泥棒、盗撮などの性犯罪被害に遭っている女性の数は驚くほど多いだろう。諸外国での日本紹介に、富士山と並んで登場するのが、満員電車の光景だ。他国に例を見ない長時間通勤とラッシュは、痴漢行為の温床であり、それは日本特有の性犯罪といっていいだろう。性犯罪者にとって、満員電車はまるでハーレムだ。

綿密な計画性

痴漢行為で逮捕された男性は「つい触りたくなってしまって」という弁解をする。たしかに、あの非人間的な詰め込み状態の電車の中では、望むと望まざるとにかかわらず、異性の身体との接触を強いられることは事実だ。その際に、つい……と思うこともあるだろう。しかし多くの男性はそれを実行しない。ところが痴漢常習者はそうではない。

電車に乗り込む時点で、彼らはすでにスイッチが入っている。そのときの彼らの目は、まるで獲物をすばやく捕らえようとする鷹のようだ。好みのミニスカートの女性が目に入れば、そのすぐ後ろにぴったりくっついて並ぶ。対象に目星をつけてから車両に乗り込むのだ。電車に乗り込むと、対象が動けないように窓際に追いやる。時には三、四人が連携プレイで一人の女性を取り囲んで、身動きできない状態に追い込むこともある。その場合はお互いの役割分担を事前に決め、車両と獲物となる女性にも目星をつけておくという。前にも述べたが、性犯罪はこのように綿密な計画に基づき実行される。彼らによれば、スイッチが入ってから、計画し遂行するまでのプロセス全体が快楽なのだという。決して一瞬の気の迷いなどという刹那的で一時的なものではない。しばしば酒に酔っていたという言い訳をする犯罪者もいるが、むしろスイッチを入れるためのエンジンとして酒を飲み、計画を実行する原動力に酒の酔いを利用するといったほうが正しいだろう。

対象の選び方

背の高いバスケットボール選手のような女性より、短いスカートをはいた女子高生が痴漢の対象になりやすいのには理由がある。彼らはその服装を見て、「痴漢をして欲しいと思うからあのような服装をしている」と解釈する。自分の痴漢行為の責任性を転嫁できる対象を、つまり相手が誘っているという弁明が可能な対象を選ぶのだ。そこに美醜がかかわらないといったら嘘になるだろう。しかし彼らにとっては、かわいいことと、からだが魅力的であることに加えて、拒絶できない（しそうもない）相手であることが最重要のポイントである。彼らは直感でそれがわかるという。たとえば弱々しそうではかなげな女性、下着を見せつけるような短いスカートをはいている女子高生、自分を半分くらい捨てているような投げやりな女性などだ。一瞥でそれを見分ける嗅覚を、彼らは研ぎ澄ましている。外れることはまずないという。拒絶しない＝受け入れている＝誘っている、という公式が彼らの行為を支えている。

彼らは、ターゲットとなった女性が、そのぶしつけな身体接触を喜んでくれることを期待しているのだろうか。そんな簡単な構図を望んでいるわけではない。彼らの性的興奮に欠かせないのが、対象からの拒絶である。いったん受け入れた（と彼らが想像する）行為を徐々にいやがり、しだいに体を反らしたり、カバンで防御し始める。指をどこまで伸ばせるか、性器をどのタイミングでどこまで押し付けるか、「やめてください」と言うかどうか。わずか数秒から数分の、このような対象との駆け引きは緊迫感とスリルに満ちており、それこそが興奮をもたらすのであり、痴漢の醍醐味であると彼らは語る。

対象からのまなざしは彼らを脅かすことはない。いや、脅かされることを恐れているのかもしれない。痴漢常習者は決して対象のほうを見ていない。指と性器に神経を集中しながら、目は吊り広告を見たり、電車の窓外の景色を何気なく見るふりをしている。想念による性的ファンタジーの世界が彼を覆う。そこには、対象の女性への関心はない。彼女が何を考えているかは重要ではないのだ。ある性犯罪者は、対象の女性のことを「からだですよ」と明確に答えた。そうか、女性は身体なのだ。他者ではなく、つまり人ではなく、性的身体なのだ。彼らの欲望を満たすための支配可能な存在であるとともに、まぐろのようにただ横たわっているのではなく、ちゃんといやがったり怖がったりしてくれる生きた身体が必要なのだ。彼らは痴漢する対象をそうとらえている。その女性が、妻や娘と同じ女性であるはずがないし、ましてや自分と同じ人間であるはずもないのだ。

再犯防止のために

二〇〇四年一一月に奈良県で発生した小学生女児誘拐殺人事件は、加害者が再犯であったことから、性犯罪者の処遇に対する疑念が世論を通じて喚起された。それを受けて、法務省は性犯罪者の再犯防止に本格的に取り組むことになった。〇五年五月には、「刑事収容施設及び被収容者等の処遇に関する法律」が成立し、受刑者に対して必要な矯正処遇の受講を義務付けることが可能になった。再犯率が高い薬物事犯と性犯罪者に対して、すでに一部の刑務所では処遇プログラムが実施されている。私は〇五年から法務省の性犯罪者処遇プログラム作成委員として、その作成にかかわった経験をもつ。

委員会を立ち上げてからプログラムが完成するまでにわずか八カ月という短期間であったこと、法務省の保護局と矯正局が連携・協力して作成して実施していること。これらは、これまでに例のない画期的な事実である。

わが国の刑務所で実施されている性犯罪者処遇プログラムはカナダをモデルとしているが、カナダのDV加害者更生プログラムと性犯罪者処遇プログラムは、大きく重なっている。DVと性犯罪は共通する点が多いからだ。加害者のほとんどが男性であること、対象は女性や子どもなど弱者であること、反復されることなどである。そのプログラムも、DVと同様に男女ペアのファシリテーターによって、グループ形式で実施される。方法論の細部については、かなり専門的な内容になるので紙数の関係で省略するが、最大のポイントを挙げておきたい。彼らがなぜ犯罪を犯したかという因果関係や人格の病理を把握するより、どのようにしてその行動を変容できるかという「変化」に焦点を当ててプログラムが構成されていることだ。アメリカのサイコホラーに見られるような、プロファイリング的関心を抱いてプログラムを実施するのではない。彼らのこころの中を問題にするのではなく、彼らが女性に対して抱いている歪んだ考え（認知）を矯正し、どうすれば犯罪のスイッチを入れずに済むか、どうすれば再犯の危険性を予知できるか、といった具体的課題に対して取り組むことで効果が生まれると考えられている。

刑務所でのプログラム実施者は、どれほど凶悪な性犯罪者であろうと、彼らが「変化しうる」可能性を信じること、彼らを一人の人間として尊重してかかわることが求められる。この基本的姿勢はいささかオプティミスティックに映るかもしれないが、一九八〇年代より試行錯誤しながら性犯罪者処遇プログラムに取り組んできた先進国カナダにおける、これが一つの到達点なのである。わが国では、司法の領域（矯正・保護）における性犯罪者処遇プログラムの取り組みはやっと始まったばかりだ。いっぽう、民間の相談機関で性犯罪者のカウンセリングにかかわる私たちを、今後さまざまな困難が待ちかまえているだろう。しかし、彼らの変化を信じること、一人の人間として尊重することという原点に絶えず立ち戻ることで、なんとかやっていけるのではないだろうか。そう信じたい。

子どもへの性暴力

相姦の「相」の字は要らない

性的動機をもつ犯罪の総称が性犯罪であるが、刑法上ではさまざまに分類されている。法律違反による行為が明らかになり、逮捕され有罪が確定したときに、初めて犯罪になる。このどれが欠けても犯罪にはならない。ばれなければ、有罪にならなければ、逮捕されなければ、その行為は犯罪とならない。犯罪白書（二〇〇五）によれば、性犯罪の場合は被害者が警察に届け出る率は一四・八パーセントと極めて少ない。とすると性犯罪には、表面化していない暗数が膨大に存在することになる。特に被害者が子どもだった場合、被害を訴えることができないのでそのほとんどが隠蔽されてしまう。カナダでは性犯罪を家庭外と家庭内に分けてとらえる。日本では家庭内性犯罪ということばは用いられないが、もっとも見えにくいのが家庭内であることは間違いないだろう。ここでは、犯罪化されない行為も含めるために、あえて性暴力ということばを用いることにする。

性暴力とは欧米では「他者の意思に反して性行為を強要すること」(藤岡淳子『性暴力の理解と治療教育』)と定義される。子どもの場合は、性行為が何であるかの理解、行為の結果予測ができないので、意見を持っていない。したがって、拒むという選択肢も持たず、自発的決定もできない。おとなの加害者との関係性も対等ではない。したがって、子どもを対象としたあらゆる性行為はすべて性暴力とみなされる。近親相姦ということばがいまだに用いられているが、「相」の字を外すべきだろう。おとなから子どもへの性行為に相互性はないからだ。

カウンセリング場面で、幼少時から思春期にかけての性暴力被害を訴える人は多い。被害者は圧倒的に女性が多いが、中には男性で性被害を語る人もいる。女性を対象とした家庭外の性暴力は、レイプ、痴漢、露出などが多いが、対象が少女の場合は、直接性器を触る行為が目立つ。家庭内の性暴力は、父や兄からの行為である。同居中の使用人から受けた例も、多く聞く。これらを一般的には性虐待と呼ぶが、ここでは家庭外と対比させるために、家庭内性暴力と総称する。近親姦はここに入ることはいうまでもない。かつては、近親姦というと反射的に母が息子と性行為に及ぶことを想像したものだ。しかし、これまでカウンセラーとして、母から性行為を迫られて困る（困った）と言う男性には会ったことがない。おそらく、これは男性がつくりだしたフィクションであり、その逆（父から娘へ）の性暴力を目立たなくするための煙幕だったのではないかと深読みしたくなるほどだ。

やさしげな顔で近づく

四、五歳の頃、近所のお兄さん（中・高生や小学生など）から遊びに来ないかと誘われた、誰もいない部屋に連れていかれ、下着を脱がされて性器を触られた、と語る女性たちは中高年にも多い。加害者は、これ以外にも母の妹の夫（おじ）、いとこなどの親族、友人の父親、学校や塾の先生なども加わる。どれも基本的なパターンにそれほど違いはない。聞けば聞くほど、幼いころからずっと、女性は男性の性暴力の危険にさらされて生きてきたのだと痛感する。ある女性は、物心ついてから何度もそのような性暴力の被害を受けてきたが、「彼らはみんな怖い顔をしているわけではないのです。ほんとうにやさしげな顔をして近づいてくるんです」と語った。顔見知りであることを利用し、やさしい顔をして警戒心を解かせ、人目につかない場所につれこみ、性器に対するさまざまな接触を行う。彼らは、「誰にも言っちゃいけないよ」と口止めをするわけではない。おそらく直感的に、誰にも言わないような少女を選んでいるのかもしれないし、少女のほうも、この経験は誰にも言ってはいけないと自分の中にしまいこむのかもしれない。こうして彼らの性暴力はなかったことにされる。

さて、性的なことば、視線、しぐさ、接触などは、家庭内でも頻繁に行われている。娘を入浴中にのぞく父、居間でみかんを食べながらそれを娘の股間に投げつける父、帰宅すると娘の寝ているベッドに行き顔中をなめ回す父、背後から抱きつくようにして勉強を教える父、ＡＶを堂々と居間で見る父、などだ。中でも、アルコールに酔ったことを言い訳にして行使される性暴力は多い。性器接触以外の性暴力は、母も見ているところであっけらかんと行使される。しかし、少女はいつでもその行為を笑って見過ごさなくてはならない。「パパったら」「もうエッチなんだから」と冗談めかして見過ごさなければならないのだ。平和な生活を壊さないためには、そうするしかないかのように。それを見ている母も、父を非難するわけでもなく、笑っていることが多い。彼らはやさしげに、時にはおどけた調子で性暴力を行使する。まるでその子どもっぽさが免罪符であるかのように。性暴力がしばしば「いたずら」と呼ばれるのは、加害者を擁護するためである。彼らは性暴力を行使したことを、子ども扱いされることで免罪されてきたのである。娘の性器に触る、自分の性器に触らせるという例も珍しくはないのだ。数々の具体例はあまりにディープな内容になるので、ここでは省こう。

二次被害

近所のお兄さんに体を触られた少女の中には、その日のうちに泣きながら母に訴え、驚いた母が加害者の少年の家に抗議に行ったという例もある。しかし多くは、逆に母から叱られたり叩かれたりする。「そんないやらしいことをどうして」「お前に隙があったんだろう」「つくりごとを言うんじゃない」といったことばをあびせられながら。これを二次被害と呼ぶ。成長した後に、そのことを思い切って精神科医やカウンセラーに話したときにまったく信じてもらえなかったとすれば、それも二次被害となる。幾重にも重なった二次被害によって少女は、自分自身のせいでそのような目にあったのだ、自分が悪かった、自分の言うことを信じてくれるような人はいない、と思う。

そう思うしか選択肢がないのだ。母は少女の経験を否認し、加害者は社会の中で平然と生きており、誰からも責められることもない。こうして性暴力は、少女の記憶の中だけに、自己否定とともに生き続ける。

真偽をめぐるたたかい

性暴力にまつわる社会通念（性欲の衝動性、被害者責任説）をくつがえす必要があることは前に述べた。しかし家庭内性暴力、つまり近親姦の場合はどうなのだろう。これが近代家族のタブーであることはいうまでもない。タブー化しないと、父は容易に娘を犯す可能性があるとでもいうのだろうか。これまで、何人かの娘への性暴力加害者とカウンセリングで出会ったことがある。彼らに共通しているのは、ほぼ全員が否認することだ。口をそろえて、娘の虚言だ、娘はこころの病だと主張する。当の娘が成長してから父親を問い詰めても、彼らは覚えていないと主張する。彼らの社会的地位が高ければ高いほど、周囲は父の発言の信憑性を支持するだろう。あまりに無邪気な語りぶりに、思わず彼は本当にやっていないのではないかと思ってしまうくらいだ。では、なぜ彼らは自らの行為を認めないのだろう。

兄からの性暴力は、父からのそれと並んで非常に多い。ある女性は小学四年生まで毎晩のように兄から体を触られていたことを思い出し、お互い家庭を持つ年齢になってから、思い切って兄にそのことを抗議した。兄は激怒し、妻といっしょになって妹を名誉毀損で訴えるといきまいて、それから絶縁状態になってしまった。

家庭外の性暴力は、犯罪性を本人も自覚していることが多いが、家庭内のそれは、彼らが主観的にかわいがることの延長で起きているのかもしれない。愛玩の対象である娘（妹）なら、自分の性的欲求の満足も愛玩の一種だから許されると思っているのだろうか。もしくは、自分が気持ちのいいことは対象にとっても良いことだという、想像もつかない一体化が生じているのだろうか。かわいいという感覚から性的愛玩までの距離はどれくらいあるのか、と彼らにたずねたいくらいだ。少女はまだ性を語ることばをもたない。異和感と、残酷なことだが時にはかすかな快感をもたらされた記憶だけが残る。ことばで説明できない幼い少女ほど、父（兄）のファンタジーのままに扱うことができる。圧倒的弱者だからこそ、彼らの幻想をすべて投影できるというわけだ。その行為に罪悪感などないのだから、記憶の片鱗にも残らない可能性もある。ごまかしたり、嘘をついているわけではないのかもしれない。このように加害者と被害者の記憶は、家族における近親姦の場合に真向から対立する。

被害者の立場に立ち、加害者と向き合う

父からの性暴力被害を受けて父親を訴える女性、幼少時からの身体的虐待を理由に、結婚後に親との接触を断つための法的措置を求めて弁護士に依頼した女性。彼女たちがカウンセリングの場に登場する時代になった。カウンセリングは、いまや司法とのつながりを抜きに実施できない時代になった。単なるこころの問題、精神内界を対象とするだけでは、来談するクライエントのニーズに応えることはできない。カウンセリングを必要とする人たちは、こころの中ではなく、家族関係における、今ここにある暴力に困って訪れる。時には、加害者の男性にもカウンセリングで会う必要が生じる。もういっぽうで、私たちは遠い過去の記憶に終わったはずなのに、なまなましいままの記憶や、忘れていたのに突如よみがえった記憶を、対象としてあつかう必要性に迫られている。

カウンセラーである私は、とりあえず、被害者の語ることをすべて信じて聞く。この姿勢を崩すと、それは被害者に瞬時にキャッチされるだろう。万が一私を騙そうと

思っていたとしても（そのために料金を払ってカウンセリングに訪れるだろうか？）、私は信じることからスタートするだろう。真実ということばを、私は久しく使ったことはない。このことばは、たった一つの真実をめぐる闘争を喚起するだけだからだ。誰の立場に立つか、だけが私の指針である。

被害者の立場で話を聞かなければ、近親姦をはじめとする家庭内性暴力被害の長期にわたる凄惨な影響を、深く知ることはできないだろう。いっぽうで、加害者である父や兄たちは、彼女たちの被害の甚大さを知ることなく、告発されることもなく、加害行為の自覚もなく、安寧に人生を全うしていく。家族だからこそ起きる、このような信じがたい不公平な現実を知るにつけ、怒りを通り越して、彼ら加害者に対して好奇心すらおぼえるのだ。

第五章　責任の取り方

被害者は何を望んでいるか

これまでさまざまな加害者について描写してきたが、これを書いている私はいつも被害者のまなざしを意識していた。ＤＶや虐待（中でも性虐待）は家族内の加害行為であるため、日本でそれらが犯罪と認定されるには多くのハードルを越えなければならない。しかし、加害行為が犯罪と認定され司法によって処罰されたとしても、被害者は苦しみ続ける。では、被害者が加害者に望むことは一体なんだろう。少しでも被害者が心安らかになるためには、何が必要なのだろう。湧き上がるこれらの疑問に対して考えるきっかけを与えてくれた映画を紹介しよう。

映画「息子のまなざし」

前にも登場したベルギーの映画監督ダルデンヌ兄弟による「息子のまなざし」（二

〇〇二、ベルギー＋フランス）を見たのは、二〇〇四年のことだった。彼らの作品らしく、見終わって一週間を過ぎたころに、初めて映画のメッセージがすとんと心に落ちる気がしたのを憶えている。

主人公オリヴィエは、非行少年たちの社会復帰施設で職業訓練の仕事に就いている。大工仕事を教える彼は、デニムのつなぎの作業衣を着て、ふとい革のベルトを胴に巻いている。カメラは冒頭から、執拗に彼の細かい動作をなんの説明もなくただただ追い続ける。ダルデンヌ兄弟特有のドキュメンタリータッチのカメラワークによって、観客はいやおうなく中年のさえない男オリヴィエに関心を向けることになる。彼の顔、眼、視線までもカメラは逃さない。ある日、フランシスという十代後半と思われる少年が入所してくる。その名前を見たときからオリヴィエは落ち着きを失う。少年の行動をこっそり見つめ、つけまわし、ロッカーの中まで盗み見るようになる。観客も一転して彼の視線の向こうにいるフランシスを、オリヴィエといっしょに関心をもち、見つめ始める。オリヴィエはまるでストーカーのように、少年の住んでいるアパートにまで忍び込む。そして、少年のベッドに横たわり天井を見つめる。無表情なままのオリヴィエだが、フランシスと徐々に接触を深め、ある日いっしょに木材を探しにドライブに出かける。まるで少年愛とも思える彼の行動の謎は、フランシスが息子を殺害した犯人であることが明かされることで一気に解ける。おそらく事件がきっかけで離婚したオリヴィエの妻が登場し、彼を激しく責める。こともあろうに息子を殺害した少年の職業訓練にあたっていることを、「あなたはいったい何を考えてるの」と泣きながらなじる。

復讐ではなく

謎が解けると同時に、観客は、こんどはオリヴィエが少年に復讐するためにつきまとっているのではないかという不安に襲われる。その不安は的外れではない。ひょっとして彼がフランシスを殺害してしまうかもしれないという恐怖に後押しされて、一気に終盤までひきつけられていく。このあたりからカメラは大きくパンし、オリヴィエと少年をほぼ等距離、等間隔でとらえるようになる。見られるだけの対象でもなく、見るだけの主体でもない。ふたりの関係の動態が、ドラマとして動き始めるかのようだ。

材木置き場で、フランシスとオリヴィエは対峙する。オリヴィエがほとんど表情を変えないので、観客は彼の意図を読むことができない。フランシスは突然、自分が殺害した少年の父が、目の前に立って自分を見つめているオリヴィエその人であることを告げられる。動揺したフランシスは逃げ、オリヴィエは追いかける。主人公と少年の関係がどのようにドラマチックに活写されていくのだろう、と期待した瞬間に突然映画は終わる。息子を殺された父なら当然フランシスを殺したくもなるだろう、復讐を誓っているに違いない、という観客の予想や期待を裏切るかのように。

「どうしてまた?」「どうしてこの私に?」

J・L・ハーマンは著書『心的外傷と回復』（みすず書房、中井久夫訳、一九九九年・増補版）において、次のように述べている。

——残虐行為の生存者は、年齢と文化とがどうであろうと皆、証言をしているうちに、すべての質問が一つの問いに集約される時点に至るものである。それは怒りよりもむしろ戸惑いつつ発せられる「どうしてまた?」である。その答えは人間の悟性の限界を越えている。この底知れない深い問いを乗り越えると、生存者はもう一つ別の問い、やはり答えのない問いに直面する。それが「どうしてこの私に?」である。

あらゆる被害者たちが繰り返し自分に問いかけ、時には神や仏に向かって問いかけるのは、いつもこのようなフレーズである。自分たちのこうむった苦痛がまったく無意味であり、風に舞う木の葉が地面に落ちて朽ち果てるのと同じであることに、人は耐えられない。

自らの受けた被害・苦しみに「意味」を与える信念体系を再構築しなければ、被害者は生き続けることすら困難になる。わたしたちが、出生時より身につけた合理的判断がある。それは、たとえば「信念内の矛盾を避けようとする」「他者がなぜそのように行動するのか説明し、予測する」といったものである。被害者は、理不尽な事件・できごとによって、世界に対する信念、秩序への信頼を突然、根底から打ち砕かれたのである。被害者ケアという言葉から連想されるやさしさや慰撫のイメージからはほど遠く厖大なエネルギーを要するこの作業は、世界の再構築にも等しい。このことを理解せずには、被害者支援は不可能である。

ある事件から

〇四年六月、長崎県佐世保市で起きた小学校女児殺害事件は記憶に新しい。被害女児の父親である御手洗《みたらい》恭二氏は、新聞記者であった。彼は、自らの境地を折に触れてマスメディアに冷静な筆致で発表し続けてこられた。オリヴィエがフランシスの部屋にしのびこみ、ベッドに横たわった理由は、御手洗氏の〇五年五月三一日づけの手記（朝日新聞、六月一日朝刊）に余すところなく表現されている。

「……私は昨年9月、最終審判の後に『事件を自分なりに見つめなおしたい』と言いました。そのため事件のさまざまな資料を読み、専門家の意見を仰ぎ、彼女の『なぜ』を探す作業を続けました。非常につらいものでした。（中略）／私は作業のある時期から『なぜ』探しをやめようと思っていました。多くの資料に描かれた彼女の姿は、審判の決定要旨にある『自らの手で被害者の命を奪ったことの重大性やその家族の悲しみを実感することができないでいる』という表現が誇張ではないことを示していました。／私は、事件当時のことは彼女自身も分からないのでは、という感覚を覚えました。それは底の見えない暗い井戸をのぞき込むような空恐ろしさでした。その時点で私にとって『なぜ』探しの意味はなくなりました。（中略）／彼女の『なぜ』を探すことに意味はないというのは、あくまで『娘を失った私にとって』です。社会にとっては、こんな事件の再発防止に向けた原因究明の努力が重要であることは言うまでもありません」

御手洗氏が、ずっと「なぜ」と問いかけながら、加害者にはそれがわからないかもしれないという残酷な認知に至った、血を吐くような心境がつづられていて、胸が痛む。

加害者像の構築こそが、被害経験に意味を付与する

オリヴィエも御手洗さんも、加害者を責めて復讐をしても、殺された子どもは帰ってこないという当たり前の事実を、痛いほど何度も何度も反芻することによって、「どうしてまた、ほかでもない私に」という問いにたどり着いたに違いない。ではそれへの答えを与えるのは誰だろう。まず、それはほかでもない加害者自身によってである。しかしながら、現行の法制度においては、加害者が被害者からの問いかけに対して直接応答することは不可能である。最大限できることは、裁判の傍聴席に座り、加害者を見つめ、そのことばから回答の一端を引き出そうとすることぐらいだろう。

オリヴィエは稀な偶然によって、加害者である少年と接触ができる機会を手に入れ

ることができた。少年の手をとり、木材の採寸を指導しながら、オリヴィエにフランシスを殺してしまおうという衝動が一瞬でもこみ上げることはなかっただろうか。しかし、目の前で不器用に木材の長さを測り、かなづちで釘を打つ少年のあごの幼い線、全身から発散される警戒と不信、そして孤独のにおいをオリヴィエは受け止める。そして、少しずつ少年に対して奇妙な連帯感を抱いていくかのようなシーンが続く。それは、赦しや寛大さの芽生えといった美しいことばでは言い表せない、死んだ息子を間にはさんだ、加害者と被害者であることに由来する残酷で奇妙な絆なのかもしれない。そんなにわかには信じがたい関係性が、画面をとおしてリアルに伝わってくるのだ。この映画が、加害者と被害者の直接的接触による「修復的司法」を描いた映画という触れ込みで紹介されたのも、納得できる。

いっぽうでオリヴィエは、息子を殺した少年の内面をのどから手が出るほどに知りたかったのだ。だからこそ、少年の粗末なアパートに鍵を開けて不法侵入し、少年がいつも眠るベッドに横たわり、少年が眠りに就く前に必ず見上げるだろう天井を同じ姿勢で見つめてみたのである。このように、残された者はどんなかすかな痕跡でもいい、加害者像を構築するための手がかりを求めるのだ。オリヴィエとはちがい、御手洗さんは一切の加害者との接触を法的に禁じられている。わずかな情報以外に、加害者との接点を得ることはできない。このような制度は、被害者にとってあまりに残酷ではないだろうか。

加害者は、被害者と残された家族に対して「なぜ、ほかでもないあなたに」について説明しなければならない。「申し訳ありません」と謝罪しても、その部分は埋まらない。加害者が死刑に処せられたら、永久に回答は得られなくなるだろう。「加害行為の理由は〇〇です」「〇〇だから、あなたの子どもを対象に選んだのです」と加害者が述べることが、問いかけに対する答えなのだ。失ったものは取り返しがつかないが、少なくとも被害の意味と、わずかながらの合理性が回復することで、被害者の世界は再構築の手がかりを得ることができるだろう。そんな責任を加害者は負っている。それが「説明責任」(アカウンタビリティ)なのではないかと私は考える。

加害者との生活

加害者・被害者ということばは、一般的な犯罪に対して用いられてきた。街角や公共空間のような市民社会で起きた犯罪に対してである。本書では、家族の中で行われているさまざまな行為や、市民社会では隠蔽されがちでなかなか犯罪として扱われない性犯罪を、加害者・被害者という視点からとらえてきた。ここでは、市民社会とは異なる私的領域（家族）での加害・被害関係の特徴について述べてみたい。被害者が加害者に何を望むのか、長期的にみた加害者と被害者のその後の関係について考えてみよう。

DVや虐待の特徴

市民社会での犯罪と、DVや虐待など家族内暴力との違いは、その習慣性にある。

毎日の生活をともにする親子・夫婦のあいだで繰り返される暴力・暴言は、一回性の加害行為とは大きく異なる。繰り返されることでそれは半ば日常化しており、行為そのものが日常生活の文脈に組み込まれているために、被害者と加害者に分けて、特定の行為を暴力・犯罪として取り出すことが難しい。子ども虐待におけるネグレクトなどはその典型だ。長期にわたる育児の怠慢の結果が子どもの死につながり、たまたま家族外の第三者によって発見されるのである。DVにおいても、長年の夫からの言動による苦痛や忍耐の蓄積が、ある引き金によって妻の限界を超えるのだ。ところが、習慣の力はそこから脱出しようとする力と拮抗し、まるで慣性のように、苦しいけれど慣れ親しんだ「いつか来た道」に戻るように機能することもある。

加害者と被害者の関係性

家族の中の加害者は「他人」ではない。これが他者性の欠如につながると同時に、親密さを生み出す理由にもなっている。親子であれば血縁があり、夫婦であればそこに性的関係が横たわっている。誰よりも親密である関係性だからこそ、外部から閉ざされ、プライバシー保護のために第三者がみだりに侵入することはできない。外部からの侵略が防止されることで守られる安全性は、裏返せばその内部で起きる暴力を目撃する第三者の不在を意味する。つまり家族内で生起することは、誰かが殺された場合を除いて、検証されることもなく推移してきたのだ。このようにして家族幻想は維持されてきたといっていいだろう。

虐待で亡くなる子どもの増加や、DVによる殺人のニュースが珍しくなくなっても、家族への幻想は衰退したわけではない。虐待は、被害者である子どもが絶対的弱者なので、子どもの命を救うというヒューマニズムが多くの人々の共感を呼ぶ。しかし、性的関係を伴う結婚生活は両性の合意が建前になっているので、夫婦関係に加害・被害という二項対立的判断を下すことには大きな抵抗が生まれる。

加害者と被害者のくい違い

暴力の特徴は、ふるう側とふるわれる側（加害者と被害者）の体験の非対称性にある。DVは、夫と妻のあいだにこのような体験の非対称性を生じさせる。親密な関係性とは、体験の共有・共感に支えられているはずなのに、暴力は殴る夫と、殴られる妻の間に亀裂を生む。しかしその亀裂は夫（加害者）の側の論理によって縫合され、統合される。「お前が悪いからだ」「殴った俺だって手が痛い」といった発言によって、暴力は夫により文脈化される。因果関係が夫の側から説明されるのだ。

市民社会における犯罪被害者は、たえずなぜ自分がこのような被害を受けなければならなかったのか、という問いにとらわれ続ける。しかしDVにおいては、加害者は絶えず被害者のそばに居て、被害者に対して説明しつづけるのだ。それは説明責任を果たしているのではなく、加害者の行為を正当化するために、加害者の考えを押し付けるために行われる。彼らはそれを「妻への愛」と呼ぶだろう。自分と同じ考えをもち、自分の思いどおりになること。それを妻に求めることが彼らの妻への愛なのだ。裏返せば、同じ考えを持たないこと、自分の言うなりにならないことを許さない。だから殴るのだ。殴られたのは妻が自分の思い通りにならなかったからだ（僕を愛するなら、僕の妻なら僕の思い通りになるべきだ）。

妻が悪いから殴るという夫の論理を深く信じさせられている妻は、自分の考えや自分の感覚を否定するしかない。夫と同じでなければ認められないのだから。そんな生活が続くと、最終的には何が自分を支えるのかというアイデンティティの基本までも揺らぐようになる。私が何者かは夫が決めるという感覚に支配されてしまうからだ。

これを洗脳と呼んでもいいだろう。ＤＶは暴力＝犯罪という単純な図式に還元されがちだが、洗脳的支配による人格否定がその根底に横たわっている。これをモラルハラスメント（モラハラ）と呼ぶ人もいるが、私はこのことばを使わない。ＤＶそのものであり、その根幹は妻の人格を独占し支配することなのだから。このような日々を甘んじて生きる妻もいるだろうが、中にはどうにも苦しいと思う妻たちもいる。

被害者性の構築

自分のすべてを否定して夫の望む妻にならなければならないということは、すべてを夫に支配しつくされることだ。夫からのことばは、「自分が悪く、原因をつくっている」「加害者は自分だ」という内面化された文脈として、妻たちの意識を支配しつづける。その加害者意識からの脱出のために必要なものは、内面化された夫たちのことばから脱する、いわば脱洗脳のことばである。暴力をふるう夫が悪い、加害者は夫である、という単純明快な転換が必要なのだ。そのためにこそ、ＤＶということばはある。夫の行為はＤＶだ、自分は被害者で夫は加害者だ、と繰り返すこと、それを植え付けていくプロセスを被害者性の構築と呼ぶ。誤解を招かないように付け加えれば、私というカウンセラーが彼女たちを洗脳しているのではない。夫からの洗脳から脱するために、彼女たちが安心して生き生きと暮らせるために必要な認知（考え方）をとり入れる助力を行っているのだ。

子どもへの影響

ＤＶや虐待の政策実施において、被害者保護の充実に汲々としているのが日本の現状である。しかも保護したあとの展望もはなはだ心もとない。虐待においては、一時保護をした子どもを施設に入所させた後に、家族再統合を図るようになっているが、そのための方法論は模索中である。親権停止といった極端な場合を除いて、虐待する親も戸籍上は親であることに変わりはない。親を失うことが家族喪失と同義にならざるを得ない現状では、再度親子関係を築くほうが現実的であることは間違いない。里親制度の充実のための政策が打ち出されているが、まだまだ実情に応えていない。

ＤＶにおいても、被害者が住まいを隠して逃げ回っているのが現状だ。いっぽうで、逃げ切れずに殺される事件が後を絶たない。こんなに狭い日本で、どうすれば夫から逃げおおせるのだろうか。子どもを抱えてどうすればいいのだろう。ＤＶをめぐる子どもの問題も大きい。逃げた妻と別れるのはかまわないが、子どもの親権はわたさないという夫、別居中の妻に対し、子どもとの面会交流を要求する夫、などだ。子どもが成長するにつれて、父親に会いたいと言い出す場合もある。このように、子どもの存在を媒介にして加害者である夫との接点が生まれることを、想定していなければならない。とすれば、やはりどうしても彼らへのアプローチ、彼らの行動の制限が喫緊の課題となる。

ＤＶの目撃が子どもに与える影響の深刻さが、少しずつ明らかになってきた。母が殴られ血を流した場面や、父が母に向けたナイフの切っ先の光がトラウマになって、夜毎悪夢にうなされる子どももいる。こんな状態の子どもたちを父親に会わせることの是非も、今後の大きな課題となっている。

被害者保護は、それが確実に、そして永久に実施されるのでなければ、却《かえ》って危険でもあることを強調したい。

加害者性の構築

ＤＶ加害者プログラムは、ほかでもない被害者のために実施する。彼らは、妻のせいで暴力をふるわざるを得なかったと考えており、妻が「実は自分が悪かった」という加害者意識に苦しんでいること、彼らを怖れて追い詰められていることなど想像もしていない。彼らと妻の意識の乖離、その非対称性を知るにつけ、親密な関係の底に横たわる深い亀裂に驚かされる。

彼らに必要なことは、まず暴力・暴言を二度と行使しないことだ（再発防止）。そして、妻は自分とは異なる人間であること、自分の思い通りにはできないこと、自分の言うなりになる存在ではないこと、などを学習することである。夫である自分に、妻を支配する特権などないこと、妻はどんな自分でも受け入れてくれる母のような存在ではないことを知ることだ。そして、日常の会話のスキルを獲得し、命令ではなくやさしいことばを掛け、妻のことばに耳を傾ける態度を習得することだ。そしてなによりも妻がどれほど恐怖を抱いているか、どれほど苦しんでいるかを知ることだ。妻たちがグループ・カウンセリングによって、内面化された夫のことばから脱しつつ被害者性を構築するように、彼らも学習によってしか加害者性を構築することはできない。最終的なゴールは、自分が妻に与えた痛みに想像力を働かせ、ひどいことをした自覚をもち、妻に対する責任の自覚に至ることである。この地点に至って初めて自分が悪かったと思い、謝罪が生まれ、そして償いも生まれる。このように、加害者性の構築とは被害者に対して責任をとることを同時に意味する。

家族再生のために

ＤＶを経験した妻たちが、全員夫と別れることを希望しているわけではない。夫が変われば、いっしょにやっていけるかもしれないという希望を捨てていない妻は多い。子どもがいたり中高年だったりすれば、現実の生活からもそのほうがずっとリスクが少ないからだ。夫がＤＶ加害者プログラムに参加し、その結果、以前とは比較にならないほど楽に暮らせるようになった女性もいる。彼女は「やっと自分が被害者であることから抜け出ることができました」と語った。夫の変化によって、恐怖は少しずつやわらぎ思ったことを言えるようになったのだ。しかし彼女が安心した一番の理由は、夫がＤＶ加害者プログラムに参加したことだ。プログラムに参加している限り、夫は加害者意識を持ち続けるだろう。そのことが彼女にとって大きな安全の保証になったのである。

加害者へのアプローチは、家族の再生につながる希望を生み出す。加害者と被害者それぞれに対する教育プログラムやグループ・カウンセリングの実施によって、暴力に支配された関係性は大きく変わる可能性があるからだ。そのためには、家族内の行為を暴力と名づけ、いったん加害・被害という対立的関係で裁断することがどうしても必要なのだ。加害者性と被害者性の構築がなければ、責任も発生せず、関係性は変化しないだろう。それは家族を破壊するものではなく、再生させる契機なのだと思う。

あとがき

二〇〇六年の夏から始まった「ｗｅｂちくま」での連載は、月二回の締め切りとの闘いだった。「加害者とは誰か?」と題されたこの連載は、〇七年の夏まで続いた。本書はそれに一部加筆修正したものだが、基本的には連載されたものをそのまま掲載した。一読されればお分かりのように、登場するのは犯罪や交通事故の加害者ではなく、被害者が声を上げなければそれと判断できない加害者ばかりだ。家族という密室における暴力（ＤＶ・虐待など）や性暴力は、日本ではいまだに表面化せず秘されることが多いからだ。連載中から私が心がけたのは、できるだけわかりやすく具体例を交えて描写することだった。被害者の実態だけでなく、被害を与えた加害者像を具体的になまなましく伝えたいと思った。

彼らは決して特殊な人たちではない。多くは、職場や社会に適応して「やさしい人」「いい人」と評価されており、もしかしたらあなたの隣にいるかもしれない。だからこそ、善と悪とに分けて裁断しないように、できるだけ曖昧な部分を残しながら慎重な描写を心がけた。加害者＝悪人と断定してしまうと、どこにでもいる彼らを見逃してしまうからだ。

多くの女性に本書を手に取ってもらいたい。加害者のことなど読みたくもないと思われるかもしれないが、彼らの個人的な問題だけが加害を生み出しているわけではないと私は思っている。家族の成りたち、男として育つこと、日本の社会が彼らに強いていることと、彼らの加害行為は無関係ではないだろう。そんな仕組みを冷静に見据えてもらいたいと思う。

多くの男性にもぜひ本書を読んでいただきたい。巷に氾濫する情報とは異なり、女性は暴力を望んでなどいないこと、暴力は深刻な影響を被害者に与えることを理解していただきたい。そして、欲張りなようだが、男性には自らの性を問いかけてもらいたいと思う。本書で描いたような他者の目に触れないところで行使される暴力を、男性性への問いかけのきっかけにしていただきたい。私にとっては、男性の暴力や性（セクシュアリティ）はいまだに謎のままなのである。

なお本書に登場する人物は、多くの人たちからヒントを得て私が創造していることをお断りしておく。

執筆に際しては、これまでひたすら耳を傾けてきた多くの男性や女性のことばが土台になっている。多くの専門書から得たものは多いが、私にとっては、やはり当事者である彼ら彼女たちが語ってくれたことが、何よりの助けになっている。その人たちの姿を想い浮かべることで、連載を書き終えることができたと思う。

最後になったが、連載を企画し、締め切り前には厳しく原稿を催促するという役割に徹してくださった筑摩書房編集者の金井ゆり子さんには心より感謝したい。

ありがとうございました。

クリスマスイブの喧騒を遠くに聞きながら

信田さよ子

本書は「WEBちくま」に二〇〇六年九月から二〇〇七年八月まで連載され、二〇〇八年三月、筑摩書房から刊行されたものです。

参考文献

・『「アダルト・チルドレン」完全理解――一人ひとり楽にいこう』信田さよ子（1996）三五館
・『生き延びるための思想――ジェンダー平等の罠』上野千鶴子（2006）岩波書店
・『カウンセリングで何ができるか』信田さよ子（2007）大月書店
・「家族は再生するのか――加害・被害の果てに」信田さよ子、『身体をめぐるレッスン4――交錯する身体 Intimacy』市野川容孝ほか編集（2007）岩波書店
・『性暴力の理解と治療教育』藤岡淳子（2006）誠信書房
・『環状島＝トラウマの地政学』宮地尚子（2007）みすず書房
・『9人の児童性虐待者 NOT MONSTERS』パメラ・D・シュルツ　颯田あきら訳（2006）牧野出版
・『人生の再著述――マイケル、ナラティヴ・セラピーを語る』マイケル・ホワイト　小森康永、土岐篤史訳（2000）IFF出版部ヘルスワーク協会
・『親族による性的虐待――近親姦の実態と病理』石川義之（2004）ミネルヴァ書房
・『心的外傷と回復』ジュディス・L・ハーマン　中井久夫訳（1999・増補版）みすず書房

・『性の歴史Ⅰ：知への意志』ミシェル・フーコー　渡辺守章訳（1986）新潮社
・『喪失と悲嘆の心理療法――構成主義からみた意味の探究』ロバート・A・ニーマイアー編　富田拓郎・菊池安希子監訳（2007）金剛出版
・『DVにさらされる子どもたち――加害者としての親が家族機能に及ぼす影響』ランディ・バンクロフト、ジェイ・G・シルバーマン　幾島幸子訳（2004）金剛出版
・『DVと虐待――「家族の暴力」に援助者ができること』信田さよ子（2002）医学書院
・『ナラティヴ・プラクティスとエキゾチックな人生――日常生活における多様性の掘り起こし』マイケル・ホワイト　小森康永監訳（2007）金剛出版
・『ホラーハウス社会――法を犯した「少年」と「異常者」たち』芹沢一也（2006）講談社＋α新書

文庫版あとがき

二〇〇八年に出版されてから七年が過ぎ、このたび文庫化にあたって再度目を通してみたが、本書の内容は驚くほど古びてはいない。家族内暴力についての私の考えが当時とほとんど変わっていないことがその理由かもしれないが、ＤＶや虐待などをめぐる状況も残念ながらあまり変わっていないからだろう。後述するようにむしろ時代が本書に追い付いたような気がする。

振り返ってみれば私を執筆に駆り立てたのは、単純な二項対立（被害者は無垢で加害者は絶対悪）の危険性を伝えたかったからだ。そしてあらゆる暴力は受ける側ではなく、それを行使する側の問題である以上、加害者と呼ばれる人たちと正面から向かい合わなければならないと考えたからだ。当時このような主張は珍しかったが、ＤＶの被害女性たちは本書を深く理解してくれたし、パートナーから勧められて本書を読み、ＤＶ加害者プログラムに参加する男性も何人もいた。このような反応が何よりの励みになったのである。

もちろん七年間で政策面の進展や社会からの認知度は上がったが、根底に存在する被害者と加害者との関係についての一般常識は変わらないままだ。被害を受ける側にも落ち度があったという被害者有責論は根強いし、加害者と名指しされる人たちに対する一方的批判と憎悪はむしろ強まったかのように思える。それに加えて、二〇一一年の東日本大震災の発生とストーカーの問題を挙げなければならない。前者に関しては、家族の絆が強調される裏面で深刻なＤＶの増加が危惧されている。後者に関しては、事件の悲惨な犠牲者が生まれたことで、加害者への対応がにわかに現実味を帯びている。

少しだけ早すぎた本だったが、やっと本書がタイムリーな存在として重要性を増す時がやってきた。ストーカーを単純に病理や疾病として片づけるのではなく、誰にでも思い当たる日常生活的なレベルから暴力が発生するまでを連続体として理解することで、初めて対応や防止ができるだろう。ＤＶや虐待も私たちの家族と地続きの問題なのである。本書を読めばそのことがよく理解していただけるはずだ。

文庫化にあたって数字など一部を加筆修正したが、大枠についてはほとんど手を加えていない。アダルト・チルドレンや共依存、性暴力、性虐待などについても丁寧に触れているので、加害者のみならず、家族問題や家族関係に関する入門書としても読んでいただきたい。このように新たな装丁で文庫として生まれ変わったことを著者として心よりうれしく思っている。

解説　元から絶たなきゃダメ！――DV夫とハラッサーの改造法

牟田和恵

まずは、DVや虐待の被害当事者だけでなく、加害者、周囲の人々、潜在的な当事者――つまりはこの社会に生きるほとんどすべての人――にとって重要なメッセージを発するこの本が、文庫という手に取りやすいかたちで刊行されたことを心から喜びたい。

二〇〇八年の初版から七年近いが、本書の内容は古びるどころか、ますます切実に訴えかけてくる。というのは、一つには、DVや虐待の被害は増加、表面化しており、問題の防止と解決は緊急な課題であること。二つには、施策や対策は被害者救済だけでは不十分で、加害者に暴力や虐待を止めさせることも目標とすべきだと理解され始めたことだ。そのことに七年前どころか、ずっと以前から着目してこられたのが信田さよ子さんだ。

私はセクシュアル・ハラスメントの問題に長くかかわってきて、とくに最近はハラッサー（ハラスメント加害者）に関心があるのだが、本書で描かれるDV夫とハラッサーは、なんと似ていることか。

たとえば、DV夫は加害者であるにもかかわらず、被害者意識が強い（一八七頁）。ハラッサーも、率直に反省するような人は例外的で、多くは自分を訴えた女性に過剰なまでの攻撃をする。ハラッサーの場合、会社の部長や課長、大学教授など、それなりに「偉い」立場にある自分に対し、目下の女性社員や学生など言うことを聞くはずの相手が「歯向かった」ことに怒りが湧いているように思える。じっさい、「飼い犬に手を噛まれた」などとあからさまな言葉を発するハラッサーもいる。妻を独立した人格として捉えることができず自分の一部であるかのように考えるDV夫にとっても、妻が自分の行為をDVだと告発することは、許せない裏切りと映るのだろう。

ハラッサーとDV夫は、自己中心性・相手への無配慮という点も共通している。長年DVを繰り返し、妻は心身ともに限界に達しているというのに、「妻がどう感じているかなど考えたことがありませんでした」（一九四頁）という夫。セクハラでも、きちんと調査がなされ、性的関係を強要したセクハラであると判断されているのに、「相手も自分に好意を持っていた、合意の関係だ」と主張し続けるハラッサーは珍しくなく、しかも処分を免れるための強弁というより、本気でそう信じているとしか思えないケースが多々ある。その鈍感さにタメイキが出そうになるのだが、考えてみれば、それなりの地位・パワーをもっている男性にとって、パートや派遣の女性や一女子学生の、セクハラを受けても相手の意を損ねないよう丁重に接しなければならない苦しい内心などには、思いが及ばないのも不思議はない。私はこれを、中高年男性に「ビルトインされた鈍感さ」と書いたのだが(『部長、その恋愛はセクハラです!』集英社新書)、DVではなおさらに、長年の夫婦関係のなかで、妻や子を養っている自分があるじ、という思いが深くインプットされ、妻がどういう気持ちでいるか、どのような夫婦関係を望んでいるのかなど気にもしないようになるのだろう。「夫婦は空気のようなもの」と、夫婦関係の良好さを自明の前提にしたような慣用句があるが、DV夫にとっては、その言葉は、妻の感情になど配慮する必要はないと免罪する美辞麗句になっているのだろう。

DVもセクハラも、洋の東西を問わず起こっていることだが、本書で論じられている通り、社会のはらむジェンダー問題がそこには深く作用する。「母」に高い文化的価値がおかれ、それゆえに女性に母としての自己犠牲を要求する日本では、子どもは幼い時から母親にかしずかれ、欲求を可能な限り満たしてもらうのが当たり前のように育って行く。女の子はそれでも、「女らしく」という期待から、自分を圧し殺すこと、我慢することも学ばされて行くが、男の子の場合は往々にして、仕事人間で実質不在の父親に代わって家庭の主役、場合によっては王のように君臨する。その王様が自分の家庭を持てば、妻に母親と同じく無条件でかしずくことを期待し、しかしその期待がかなえられないフラストレーションとして発現するというようなケースもDVにはあるのではないだろうか。ワンマン社長や権威のある教授など、会社や部署、研究室の王様として君臨する男性たちがセクハラやパワハラをしがちなのも似ているだろう。

そして、もう一つ、DV夫とハラッサーが似ていることでおそらくもっとも重要なのは、加害者を罰すれば終わり、加害者がいなくなれば被害者は回復できる、というわけではないことだ。セクハラの場合、ハラッサーがクビにでもならない限り、同じ会社・研究室でともに働いたり指導を受けたりする関係は変わらない。それどころか、研究の場合なら指導を受けられなくなること自体が被害になるし、企業では部署を移っても被害者は結局働きにくくなり、退職に至ってしまうことがありがちだ。

DVの場合は、困難さがさらに極まる。被害妻にとって、DV夫と別れるのが必ずしもベストとは限らない。DV夫と離れるという「解決」が、住まいや仕事を失うという被害者自身の犠牲によって果たされているという、なんとも不条理な現実は本書でも述べられている通りで、しかも、DVを受けている妻が夫と離婚できないのは、経済力がないせいだけではなく、子どもへの配慮、妻としてのアイデンティティ等、決して単純なものではない（このあたりは、信田さんがこれまでの著作で鋭く書いてきておられるところだ)。ＤＶ問題の解決として、離別や離婚が選択肢として不安なく選べるようになることは大事だが、その前に、夫がどのような暴力もふるわなくなるのがまず求められるべきことのはずだ。そのうえで、離婚や離別という選択があってしかるべきではないか。ＤＶから逃れるためには不利益を承知で離婚せざるを得ないというのは、妻に現実的困難を強いているだけでなく、結婚という対等であるべき個人の民事契約の解消を考える上で、社会としてきわめて不正義なことだ。私たちはそこを見落としているのではないか。

まさにここが、信田さんが本書で書いておられるＤＶ加害者更生プログラムが必要とされる理由だ。一九七〇年代から取り組まれているカナダなど欧米先進国に学び、更生プログラムを実践的に手がけておられる経験から語られる信田さんの指摘は、問題の本質をつく。ＤＶ夫が、単に「手を上げない」というだけでなく、自分の支配的な態度や姿勢を自覚し、なぜ妻に対してそれをしてしまうのか、なぜそのことが夫婦や家族という人間関係のなかで問題となるのかをしっかり理解させること、それこそが求められることだ。信田さんのこの言葉は、振る舞いを表面上変えるだけではなく、自分の言動がいかに相手に圧力をかけハラスメントとなるのかをハラッサーが理解すること無しには真の再発防止はありえないというセクハラの現実とオーバーラップする。

私自身の関心から、主としてDVについて述べられていることに注目してきたが、本書が視界に入れる「加害者」は、虐待する親、性犯罪者などにも及ぶ。どの類型にしろ、信田さんの筆致は、臨床経験に裏付けられていずれも具体的だ。そのリアルさゆえに読者は、描き出される彼らの姿に気分を悪くするかもしれないが、しかし、引き込まれるに違いない。それは、信田さんの姿勢の根本に、被害者に寄り添うという熱い思いと、だからこそ加害者を理解せねばならないのだという確たる信念があるからだろう。本書にある通り、法務省や内閣府による加害者プログラムはまだまだ不十分だ。そこには、犯罪者に「手厚い」処遇をすることへの抵抗や、「法は家庭の中に入らず」という昔ながらの考え方も根深くある。本書をきっかけとして、当事者だけでなく私たちの一人ひとりに、問題解決には被害者・加害者の双方に取り組んで行くのが重要なのだという思いが共有されれば、一歩ずつであれ前進できるに違いない。

（むた・かずえ　大阪大学教授）

ちくま文庫

加害者《かがいしや》は変《か》われるか？
――DVと虐待《ぎやくたい》をみつめながら

二〇一五年二月十日　第一刷発行
二〇二三年十月五日　第三刷発行

著　者　信田さよ子（のぶた・さよこ）
発行者　喜入冬子
発行所　株式会社　筑摩書房
東京都台東区蔵前二―五―三　〒一一一―八七五五
電話番号　〇三―五六八七―二六〇一（代表）
装幀者　安野光雅
印刷所　中央精版印刷株式会社
製本所　中央精版印刷株式会社

ISBN978-4-480-43247-6 C0136